U0509523

上　海　家　长　学　校
家　庭　教　育　指　导　丛　书

相旭东　主编

身心发展
与家庭教育

相旭东　编著

上海人民出版社　上海远东出版社

图书在版编目(CIP)数据

身心发展与家庭教育/相旭东编著.—上海：上海远东出版社，2021
(家庭教育指导丛书/相旭东主编)
ISBN 978-7-5476-1718-2

Ⅰ.①身… Ⅱ.①相… Ⅲ.①家庭教育 Ⅳ.①G78

中国版本图书馆 CIP 数据核字(2021)第 123453 号

责任编辑 祁东城
封面设计 李 廉

本书由上海开放大学家庭教育教材开发与出版项目资助出版

家庭教育指导丛书
身心发展与家庭教育
相旭东 编著

出 版	上海远东出版社
	(200235 中国上海市钦州南路 81 号)
发 行	上海人民出版社发行中心
印 刷	上海信老印刷厂
开 本	890×1240 1/32
印 张	7.875
字 数	133,000
版 次	2021 年 7 月第 1 版
印 次	2021 年 7 月第 1 次印刷

ISBN 978-7-5476-1718-2/G·1104
定 价 48.00 元

家庭教育指导丛书

编委会名单

总序

“谁言寸草心，报得三春晖。”孟郊在一千两百多年前，就一语道出家庭养育的真谛。寸草之心，难报三春晖。父母之爱，唯一为了分离的爱，而不是为了回报的爱，更不是为了索取的爱。父母爱孩子，是为了孩子有能力渐行渐远，可以独立生活在这个世界；父母爱孩子，是无私的付出。但是，为什么那么多父母爱孩子，结果是孩子发展得并不好，甚至事与愿违，以至于今天铺天盖地的父母焦虑情绪，把教育工作者挤压得焦头烂额、不得安宁？教育，天底下最美好的事业，不应该这么难呀！

中华人民共和国成立70多年来，我们的学校教育获得了长足的发展，社会主义建设的伟大成就，离不开从国家最困难时期就始终坚持优先保障的未来事业——教育的成功。今天，我们的教育要满足人民美好生活的需求，需要自我革新，进一步发展，要成为更优秀的教育。家庭教育是当前教育事业发展中的一道坡坎、一个瓶颈。

从2015年春节团拜会上习近平总书记强调要注重家庭、注重家教、注重家风，到同年10月教育部印发《教育部关于加强家庭教育工作的指导意见》；从2016年10月全国妇联、教育部等九部门共同印发《关于指导推进家庭教育的五年规划（2016—2020年）》，到2019年5月九部门再次印发《全国家庭教育指导大纲（修订）》，再到2021年1月20日，十三届全国人大常委会第二十五次会议审议通过《中华人民共和国家庭教育法（草案）》。每次重要的决策及其精神都显示了我们国家的家庭教育越来越受到重视。它不仅关乎个人成长、家庭幸福、社会安定，更关系到国家富强和民族复兴的伟大事业。

但是，全社会对家庭教育的重视，目前还停留在两个层面的初级阶段。在"供给侧"层面，主要是尚未形成系统化的家庭教育理念、方法的指导和安全警示方面的宣教；在"需求侧"层面，主要是焦虑的家长群体为缓解自己的焦虑而四处求索。家庭教育光靠重视还不够，还需要实务理论体系、公共管理政策及其制度的建设。受上海开放大学王伯军副校长和诸位领导的信任，领命主编本套丛书，我倍感光荣且责任重大。我有幸找来了志同道合的伙伴，我们快速组成了编写团队，期望努力在家庭教育指导工作者培养和家庭教育科学普及方面有所贡献。

本套丛书内容整体编排有一个自下而上，再自上而下的过程：自下而上，是指我们的内容首先来自家庭教育指导第一线实践经验；自上而下，是指在自下而上汇总实践经验的基础上，我们组织专家团队讨论分析，最终确定丛书编写方案。我们力争做到有体系，深入浅出，既有理论深度又有实践经验，用生活化的语言向读者传达科学道理。丛书分为五个分册，从五个侧面阐述了家庭教育及其指导服务。

《家庭文化与家庭教育》可以说是整套丛书的开篇。我们中华民族的文化特征之一就是家国文化，它犹如浩瀚之水，填满每个小家庭的水缸。这浩瀚之水就是家庭文化的共性，它包含了我们的历史、文字、习俗、法律、政策等，呈现在社会主义核心价值观中，深刻地影响着一代又一代中华儿女成为炎黄子孙。一户家庭小水缸里的水，就是家庭文化的个性，它伴随和响应着浩瀚之水，深刻而直接地影响家庭教育，使得这个家庭里的孩子成为已然如此或未来可能的生命个体。家庭教育指导分为科学宣教和个案咨询(辅导)两部分，如何做好这项工作，我们在这一分册中用一个章节作了比较详细的介绍，提供了具有代表性的实际操作案例。

《身心发展与家庭教育》从身心发展角度来阐释家庭教育。虽然家长们能比较容易地查询到儿童身心发展规律的相关知识，但是，现实生活中，因为认知的偏差，很多养育者在养育孩子的行为上存在失误甚至比较严重的错误。家庭教育要符合儿童身心发展的规律，有一些基本的原则是不能违反的。这一分册第一章首先以通俗化的语言来介绍有关身心发展的基本知识；第二章介绍符合身心发展规律的各阶段家庭养育和教育行为，以实际案例来帮助读者理解知识，重在提供实践意见；第三章针对当前在校生中普遍存在的情况，帮助读者理解孩子的自我伤害和自我妨碍行为，并且提供预防和帮助的实践意见。鼓励家长不仅要看见孩子、看明白孩子，还要学会看大和看远。

几乎所有家长都知道好习惯对孩子的成长有多重要，但自身具备好习惯的家长比想象的要少，能够真正理解好习惯是怎么通过行为内化为态度并且施加正确引导的，又更少。我们在《学习管理与家庭教育》中提出了学习管理的理念。从普遍存在的家长对习惯的曲解开始，介绍以学习者为中心的学习管理。孩子们的学习首先是个人的、家庭内部的，然后是学校的、社会的。作为成年人，家长有义务、有必要帮助孩子实施学习管理。学习管理不仅是向内的对自我的管理，还包括对外部的社会资源的运用与整合。所以，它是一个家庭成员共同参与的家庭管理。

树立以学习者本人为中心的学习管理理念，学校学习机会和社会学习机会都是需要去管理的学习资源，家庭学习已然成为家庭生活中重要的部分。不论有意无意，从心智发展和个人认知角度来理解，学习时刻在发生。同时，我们必须高度重视今天每一个人都不能脱离互联网的现实，互联网场景下的学习管理，变成一件很重要又很棘手的事情。这一分册的第三章专门介绍这一方面的趋势、现状和管理探索。

《家庭关系与家庭教育》着重介绍隐含在家庭人际关系中的结构性应力关系（系统动力）是怎样影响了孩子的成长，家庭教育需要如何应对和驾驭这种无形而强大的力量。

今天多元化的家庭和家庭中丰富的迭代关系，为家庭教育带来了更多不确定性。父母离异到底会对家庭教育产生什么样的影响？为什么同样是父母离异，有的孩子发展得很好，有的孩子发展得很糟糕？我们在这一分册中用一个独立的小节，对父母离异的孩子进行比较充分的解读并给出家庭教育建议。诸如服刑人员和吸毒者的家庭、留守儿童家庭等面临一些特殊家庭关系的情况，孩子们及其家庭可能更需要家庭教育指导者的帮助，我们用了一个小节进行专门的讨论。

城市化发展，已经使得以往的家族支持系统发生重大变化，尤其在家庭教养方面变得更加小家庭化，更加需要寻求社会支持。社会公共服务是否做好了这方面的教育支持，目前做得怎么样，公众需求在哪里，未来会怎么样？这些问题，我们放在本丛书的《社会发展与家庭教育》中进行探究。

由于千百年的中国文化根基，家庭需要并且已经习惯于族群社会支持体系。中国社会已经发展到知识经济时代，这种传统模式依然存在；但是也必须看到随着城市化发展，家庭小型化促使家庭开始寻求基于公共服务的社会支持，或者社交型社会支持。家庭的这种社群关系影响着家庭本身的成长，同时也影响着家庭成员的成长。今天，全社会都在提倡社会工作，社会工作体系中有家庭社会工作，也有学校社会工作，还有青少年社会工作和儿童社会工作的划分。这些社会公共服务目前处于什么样的发展水平，与学校教育、家庭教育具有怎样的关联，如何运用和促进社会工作进而促进家庭教育的指导？这些都是我们要深入探讨的领域。

绝大部分家长和专业工作者，都会把家庭教育指导与心理学联系起来。心理学方面的服务体系目前建设得怎么样，家庭教育如何寻求心理学的支持，心理学如何为家庭教育保驾护航甚至提供更贴切的主动服务？这也是需要我们积极探索和回应的问题。

习近平总书记在2021年全国两会上强调："无论学校教育还是家庭教育，都不能过于注重分数；分数是一时之得，要从一生的成长目标来看。如果最后没有形成健康成熟的人格，那是不合格的。"让每一个孩子形成健康成熟的人格，是家庭教育的首要目标。它是一个过程性目标。如何让这个过程性目标与社会合拍，如何管理这个目标，是家庭成长中的重要命题。本丛书编写方案，尤其是内容体系的安排，我们两易其稿。其中关键的地方在于，实践中有效的方式方法，有些在传统理论中可能没有充分讨论，怎么办？

我们本着实事求是的基本态度，从实践出发，围绕服务好家庭教育，抓住事物主要矛盾，分析矛盾的主要方面，在矛盾的对立统一中发现解决问题的杠杆和路径，最终形成今天呈现在读者面前的家庭教育及其指导服务的五个维度、五种图书。我们相信这五个维度的内容，依然是实践经验和理论指导相结合的初步成果，它还有很多需要进一步探索和完善的地方。

本套丛书能够在这个令人兴奋的时代大趋势中，勇敢地先行一步，抛砖引玉，为家庭教育及其指导工作尽绵薄之

力，对此我深感荣幸。我代表全体编写人员，真诚希望各界人士提出宝贵的意见。

相旭东

2021 年 5 月 15 日于莒城半日轩

序言

在编著本书的同时，恰好我的柔性主义心理疏导理论也正式对外公布了。本书内容也体现了柔性主义的思维方式。柔性主义心理疏导理论是融合了中国文化和哲学思想的心理服务实务理论。你看大自然：铁丝箍在树干上，树皮最终会把铁丝包进去；石块顶在树根上，树根最终会把石块裹起来；风儿会把山崖雕琢，流水能将石头磨光。自然之道，刚直是局部，柔软是整体，柔性的力量胜过刚直。猛兽的爪牙很厉害，但它必须借助柔软的腹背才能发挥威力；特警的拳头很硬，但必须借助柔软有弹性的肌肉才能派上用场。人格和人性也一样柔软而富有弹性。

生命现象是柔性的。人格的发展有遗传的基础，更有生命成长环境的影响，这是一个在与环境的互动中逐渐稳定而又有继续变化可能性的自适应过程。人性在善与恶、幸福与痛苦、自信与自卑、坚强与懦弱等各种正反两极之间

摇摆不定,给了人类行为很大的弹性空间。柔性主义心理疏导理论发现、重视和充分发扬生命柔性的真实力量,为个人和社会的福祉创造丰富的可能性。运用在家庭教育中,我们特别提倡家长要看见孩子身心发展不同阶段的内在需求,看见孩子行为问题背后可能的心理机制,带着尊重去爱孩子。与柔性相对应的是僵硬和刻板、教条和形式,这些现象在心理服务和教育工作中普遍存在。至柔者至坚,只有以足够柔性的思维去深入孩子们的世界,才有可能真正把握吻合孩子们身心发展规律的教育方法。

就在写这篇序言的 3 个小时前,我接待了一个寻求帮助的家庭。孩子今年高二,不去读书,每天沉浸在看小说、玩游戏、网上聊天等网络生活中。孩子一般都是每天凌晨 3 点睡觉,中午 12 点起床。通过一个半小时的疏导面谈,发现孩子今天的这些情况,都与父母身上的多重因素密切相关,与我们的学校教育的某些局限也有关系;学校教育的局限和家庭教育的负面效应相结合,是造成他今天状态的外因。

更主要的是他的性格特征,这是内因,而性格特征又来自父母这么多年爱的方式和家庭关系。曾经帮助过他的医生和咨询师都建议降低对学习的要求,减少压力。看起来是挺好的建议,实际上恰好与他的内在需求背道而驰。他的性格特征使得他需要一个强有力的精神权威来命令他、为他负责任、支持他，他才会有勇气往前跑。父母只会讨好他，这让他更加失去正面能量。这孩子需要真正进入他内心世界的帮助。遗憾的是，父母自身若不改变，就提供不了这种帮助。这个案例也说明了家庭教育指导的工作对象主要是家长。

本书共三章九小节，专门介绍了身心发展与家庭教育的关系。既有身心发展的科学知识，又有与之匹配的家庭教育建议，还提醒家长有哪些需要规避的陷阱。所有这些知识工具和工作方法，都离不开一个最基本的原则——爱！家庭教育是爱的教育，家庭教育指导是爱的工作。爱不是讨好，更不是索取，也不是交际。爱是真实的存在。3小时前的个案，咨询中那孩子满眼泪花的时候，他能感到世界是真实的，力量是真实的，希望是真实的，意愿是真实的。爱，就在那里，不偏不倚。

本书另外3位编写者，都是富有爱心且有爱的能力的教育工作者，都是有着丰富经验的实践专家和活用知识的专家。我们一起高效率地完成了编写，基本涵盖了契合身心发展科学规律的未成年人家庭教育要点，给家长朋友提供教育参考。在此，向王益玲、钱英、虞建珍和我的助理周茂容4位合作伙伴表达衷心的感谢。

今天，每个孩子都不容易，每一个家长也都不容易。这本书若能为孩子和家长们作出贡献，我们便倍感欣慰。

相旭东

2021 年 5 月 18 日于苴城半日轩

目录

第一章

儿童身心发展的一般规律与特殊教育

符合儿童的身心发展，必须是教育政策和教育行为的基础，也必须是家庭教育不可违反的基本原则。但是，司空见惯的是，很多人经常作出对儿童有负面影响的决定，非但无法正面鼓舞儿童的成长与学习，反而干扰了他们。本章将从大脑结构与发育特点，发掘脑活动的内在机制，来探讨人类的心理过程，并深度剖析孩子的学习动机。

人类在做些什么？为什么他要如此做？在这一章里，我们从生理基础来了解心智的运作，从脑神经的结构与功能来了解人类的动机与学习。大脑驱使我们吃饭、睡觉、做事，和周围的人进行情感交流。美国华盛顿州塔科马和维吉尼亚州瑞斯顿的亚门诊所医疗总监亚门医生（Daniel G. Amen，M. D.）是一位临床神经科学家、精神科医生、脑部造影专家，他在扫描并研究超过 3 万颗脑之后清楚地告诉大家：我们做的每一件事、我们的一言一行，都与脑有关。大脑的功能直接影响一个人的外在行为表现。不管从生活品质还是学习效率来讲，健康的脑都是不可或缺的。

大脑无时无刻不接收着外界如同海水般随时涌入大脑的信息，大脑神经系统将这些信息协调整合后形成一个工作整体，完成人类的所有行为。要想成为最佳的自己，我们必须有一颗在最佳状态下运作的脑。无论是在学业、工作、家庭还是复杂的人际关系上，脑的执行能力都和最后的结果有密不可分的关联。幸好，大脑已经被证实是有可塑性的，是可以改变的。

"与脑相融的学习"概念，是每一位老师与家长都需要了解的。不论是脑与生存的密切关系，还是脑是学习的基础这一事实，都要求我们对脑及其功能有所认识。

最早的教学理论着重学生达成的"行为目标"，因为学习的定义是行为上较持久的改变。后来因应认知学派兴盛，改成学习是认知能力上的改变，因而成为"认知目标"。现在我们要不要进一步把学习的定义修改为学习是脑的改变，甚至是脑的某一区块的改变，并形成"脑目标"呢？把脑研究放入教育的情境，小至光线对视神经的影响，大到情绪、记忆、压力等与学习有关的研究，以及教育上应对的措施。例如不同年龄段学生的作息时间、对脑有益的饮食习惯、集中学生注意力的方法、环境中造成压力的潜在因素，等等。

各个年龄段的孩子，甚至成人都应该拓展与环境互动的经验，不仅是语言的、数字的、学术的，也应该从艺术、音乐、户外肢体活动、人与人的互动中滋养自己的大脑。即使如今极度发达的信息技术，使我们可以不出门便从家和教室中的电脑屏幕取得所有的信息，我们依然认为，不论教师或者父母，作为丰富的后天环境的支持者和提供者，要坚持环境的多元化。

第一节 大脑的发育和生理发展

一、脑是人体的控制中心

近年来对于脑部的科学研究，几乎可以确认人类的智慧能力来自大脑的运作。脑是一个大约 1 000 亿个神经细胞组成的人体器官，虽然脑的重量不太显眼，但它是人体的控制中心，支配着各种功能，比如循环、呼吸、消化、对外界反应、肢体动作等，各种感官活动（嗅、视、味、触、听）的信息也是在脑中处理。而且脑也负责人类的高级功能，包括思想、理解、记忆、语言、情绪、人格，甚至计划、烦恼、痛苦、爱与恐怖的感受等内在意识。

（一）脑是宇宙中最复杂、最令人惊讶的器官

脑的重量只有大约1.3—1.4千克，一般而言约占身体重量的2%。脑是由水(80%)、脂肪(10%)和蛋白质(8%)构成的。人类的脑相当柔软，连餐刀都能切开它。脑部有超过1 000亿个神经元，也称为神经细胞或脑细胞。每一个神经元与其他神经元之间有多达4万个细胞连接，称为突触。1 000亿个神经元，乘以4万个突触，脑部的连接比宇宙中的恒星还多。像一颗沙粒般大小的脑组织中就包含了10万个神经元和10亿个突触，两两之间都在彼此“交谈”着。

（二）童年经验给脑定型

脑的发育是一个令人着迷的过程，基因与环境共同参与其中。在怀孕的某些阶段胎儿的脑部每分钟制造25万个新的神经细胞。婴儿出生时脑部约有1 000亿个神经元，但其中只有相当少数有髓鞘包覆或彼此连接。在生命的头10年，儿童的脑部形成万亿个神经胶质细胞，神经胶质细胞帮助神经元建立连接，保障神经元的健康及运作稳定。

新的研究结果显示，早期的童年经验，不只是创造一个发展与学习的背景，更直接影响了脑内连接方式，而脑内连接方式又深远地影响着我们的情感、语言和思想。经验不仅影响儿童的发展，也给脑的发展定了型。大约四分之三

的脑部是在人出生之后，因应环境与经验发展成形。先天与后天总是合作无间。

脑在出生头5年发育特别迅速。扫描显示，12个月大之前，婴儿的脑部与正常的年轻人类似。3岁之前婴幼儿脑部的连接差不多是成年人的2倍。先发展的脑部区块，如视觉区，也是最先髓鞘化（有髓鞘包覆）的区块，这有助于该区块变得更有效率。3—10岁这几年是社会能力、知识、情绪和生理机能快速发展的时期。这个年龄段的孩子脑部活动量是成年人的2倍以上，而尽管新突触的形成会一直持续到老，但脑部对于新技能的掌握和挫折的容忍，再也不会那么容易了。11岁时脑部开始快速地删除多余的连接，剩下的回路功能更明确、更有效率。脑是用进废退原则的最佳范例，幼年反复使用过的连接成了永久性的连接，而那些未曾使用过的则被剔除。

（三）神经细胞的可塑性在幼儿和儿童时期最强

脑部的前三分之一，也就是脑中负责执行管理的前额叶皮质区，在青春期后半期到20岁期间仍持续成长。尽管我们认为18岁已经是成年人了，但他们的脑部离完全发育还早得很。直到25或26岁前，前额叶皮质区一直都有髓磷脂存入，这使得脑部的管理区能以更高等的方式、更有效率的水平运作。

因此，在感觉统合治疗中，神经细胞可塑性在幼儿和儿童时期最为明显，在成长过程中，不同阶段细胞可塑的特点都不同。

二、脑部的正常运作需要氧

为求正常运作，脑部需要氧。就像其他生物一样，脑部需要燃料以成长、发挥机能及自我修复，推动脑细胞的引擎靠葡萄糖和氧运转。脑部需要靠氧来产生能量，没有氧，名为线粒体的神经元“发电厂”就无法产生足够的能量维持脑部的运作。而脑神经元的成长自然也缺不了葡萄糖和氧气的能量补给。

因此，在感觉统合治疗中，除了感觉系统的刺激外，少不了大脑有氧运动的参与。有氧运动可以提高心脏压送血液流往脑部的能力，促进氧与葡萄糖的运输，同时运动也会刺激神经生成，也就是脑部增生新神经元的能力。研究显示，实验室老鼠在运动时会在额叶和海马体增生新的神经元。这些新的细胞除非受到刺激，否则存活约 4 星期后死亡。如果能借助心理或社交互动，刺激这些新的神经元，这些神经元会连接其他神经元，这些脑部回路有助于这些细胞持续运作下去。运动对海马体神经元产生持续约 3 天的保护效果。因此，最少要每 3 天运动 1 次，或是 1 星期 3

次。研究证明，经常运动好处很多，缺少运动对大脑血液供给有负面影响。

三、大脑中枢神经系统

（一）大脑里和学习有关的 8 个脑部系统

这 8 个系统是：皮质区、颞叶、顶叶、枕叶、前扣带回、基底核、深层边缘系统与小脑。在这里将阐述各个系统的功能。

1. 皮质区掌管着人类的精神功能，帮助人类实现最高级的思考方式

大脑皮质区分前额叶皮质区和后额叶皮质区。前额叶皮质区掌管着人类的精神功能，帮助人类处理最高级的思考方式，包括计划、判断、人格、动机、控制冲动和心思表达，在学习智能领域里它负责意志力、自制力、人际智能、领导智能、沟通管理智能、内省智能等。后额叶皮质区主管人类的思维，包括：人类初级的信息汇整与逻辑处理的能力，在学习智能领域中负责空间知觉、构念想象、艺术认知、逻辑推理、算术认知、语言发声与构音等。

当前额叶皮质区的功能发挥自如时，我们考虑周翔、富有同情心、善于表达、条理井然有序而且目标明确。当前额叶皮质区功能失常的时候，我们容易出现判断力薄弱、冲动、注意力无法持续、缺乏条理、无法从经验中学习、迷糊、时间管理能力差以及缺乏同情心等状况。

2. 颞叶负责把短期记忆转入长期资料库

在耳朵相对应的脑区有听觉、味觉、嗅觉中枢，主管人类的听知觉、记忆与情绪。颞叶会将声音理解成文字（语言理解），同时也跟音乐、声调和情绪有关。颞叶也是把短期记忆转入长期资料库的地方，因此颞叶又是掌管长期记忆功能的重要区域。颞叶也会协助视觉辨识物体并为其命名。当颞叶区的功能失常时，会发生记忆力问题、听觉和视觉问题、学习问题、用词不当、阅读障碍、情绪不稳、容易焦虑、不会辨识面部表情或理解言外之意等状况。

3. 顶叶掌管人类的感官处理与方向感

顶叶负责体觉、触觉、冷热觉的处理，也负责最基本的认知功能，包括艺术欣赏、肢体创造、知觉、体觉辨识、肢体理解与操作。

4. 枕叶负责基层的视觉信息处理

枕叶区是人类的视觉处理中枢，负责处理基层的视觉信息，包括图像创造、视觉欣赏、知觉、图像辨识、视觉理解与阅读。

5. 前扣带回让人灵活、有适应能力

前扣带回让我们觉得安定、轻松、灵活。前扣带回纵向贯穿额叶深处，是脑部最重要的转换站，它是大脑的变速器，让我们灵活、有适应能力，在我们需要改变时能够改变。脑的这个区块帮助我们将注意力从一个事物转向另一事物，从一个观念发展出另一观念。认知弹性是前扣带回的主要功能，当这个区域失常时，人们无法转移注意力，变得僵化、缺乏弹性、钻牛角尖、焦虑、爱唱反调。

6. 基底核是人脑的焦虑中枢

基底核是人脑的焦虑中枢，与情感、思想和肢体动作的整合有关，这就是当我们兴奋时会跳起来，害怕时会手足无措的原因。

7. 深层边缘系统参与调节本能和情感行为

深层边缘系统的作用是维持自身生存和物种延续。深层边缘系统负责人类的情绪，过度活动会出现忧郁、悲伤、负面思考、焦虑、动机不足、消极、埋怨等状况，总是觉得不满或无聊。此外，深层边缘系统的海马体还对学习过程和记忆发挥着突出的作用。如果海马体或与它的功能相联系的结构受损，会导致遗忘综合征。

8. 小脑和信息处理速度有关，也和思想协调有关

在后脑底部还有一个非常重要的结构，称为小脑。尽管小脑只占脑部容量的 10%，却包含了 50% 的脑部神经元，长久以来，我们都知道小脑与肢体动作协调、体态和走

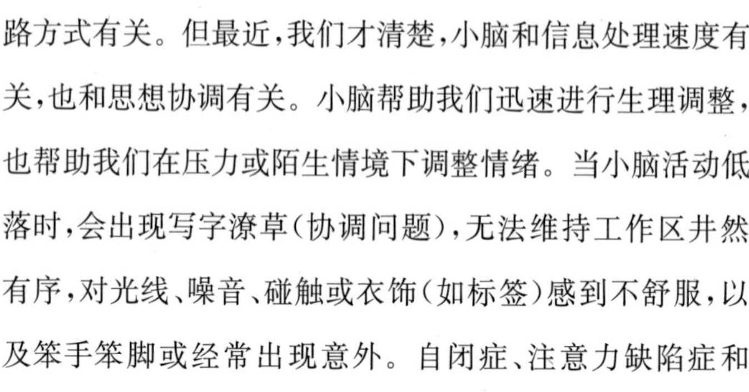

路方式有关。但最近，我们才清楚，小脑和信息处理速度有关，也和思想协调有关。小脑帮助我们迅速进行生理调整，也帮助我们在压力或陌生情境下调整情绪。当小脑活动低落时，会出现写字潦草（协调问题），无法维持工作区井然有序，对光线、噪音、碰触或衣饰（如标签）感到不舒服，以及笨手笨脚或经常出现意外。自闭症、注意力缺陷症和学习障碍患者身上，也发现小脑活动低落的情况。

（二）良好的行为表现有赖于功能良好的脑

之所以介绍这些脑系统，是为了让我们了解，其实脑部的功能错综复杂，任一人类所作出的异常行为都可能是脑的某个区的功能失常所导致。人类如果希望自己行为表现良好，那么要有一个功能良好的脑才能实现。然而，脑的功能除了脑内部的细胞组成外，还和细胞与细胞之间的信息传递有关。这些细胞靠着轴突和树突的相互交错彼此“交谈”着。以前的医学无法把一个异常行为（如好动分心、情绪困扰、动作笨拙、学习困难）看成是一种疾病，除非是脑瘫、头部受伤、发炎等重症原因所引起，而忽略了细胞之间存在着信息传递失常的问题。脑组织靠着神经细胞之间的交互传递信息进而完成指令，当这些信息传递过程中出现岔路或传递不流畅时，就会出现偏差行为、学习障碍与情绪困扰。

四、让脑更强壮

（一）丰富的环境刺激脑细胞之间的连接，连接越丰富，人就越聪明

20 世纪 60 年代，戴门德比较了实验室里的两组老鼠。第一组住在相当于戒备森严的监狱囚室的环境里，每天只吃足以为生的简单食物，但脑部几乎没有接受刺激，不给它们玩游戏，没有迷宫也没办法跟别的老鼠聚会解闷。第二组老鼠则像在上学一样，还有课外活动时间，有玩具可以玩，有迷宫可以探索，也有健身器材可以锻炼肌肉和脑细胞。最棒的是他们能够和其他老鼠分享经验。他让两组老鼠在同样的迷宫中进行计时赛跑，那些生活在身心愉悦环境中的老鼠成绩好很多。

然后戴门德做了一项检查，他把赢家和输家都送上手术台检查他们的脑。学习环境较丰富，在迷宫赛跑中获胜的老鼠，他们的脑和控制组的老鼠明显不同。他们的脑皮质的最外层有许多皱褶（这是我们用以理解世界的神经通路所在），比未接受刺激的老鼠要厚。脑部接受滋养的老鼠具备较多的神经连接，显示心智活动较活跃。另外它们脑部的血管也比较多，可以运送至关重要的氧，以最高效率触发神经连接。戴门德用收集的坚实证据指出，心智状态具

体呈现在脑的生理状态上。学习会强化脑，就如同运动会强化四肢和腹部的肌肉一样。

（二）实验证明任何年龄的脑都可塑，只要好好用脑，年长的脑的改变程度会和年轻的脑一样大

戴门德的实验不但记录了重要的事实，而且还隐含一个玄机，他并不是用幼鼠做实验，他选用的是中年以上，相当于人类60—90岁之间的老鼠。年长老鼠的脑功能，因为最新经验产生回应进而重塑，这体现了脑的可塑性。

这是个好消息，而且不止对老鼠，对所有的哺乳动物都一样，因为它们都有类似的脑部结构。对老鼠、狗、马和猴子适用的原则，在人类身上也行得通。戴门德对自己的发现感到宽慰，因为这说明了人在任何年龄都能改变。较老的脑需要较长的时间才会对健康生活等外界因素有所反应，但的确会有反应。也就是说，只要好好用脑，中老年人的脑的改变程度能和年轻人的脑一样大。

（三）脑被环境塑造

1. 经验促进大脑发育

这种促进脑部生长的刺激因子，不是所有该物种都会接触到的反应对象，如灯光和声响，而是不同个体身处的独特环境。在亚马逊丛林中成长的孩童会学到许多关于雨林动植物的知识，而在郊区长大的孩子会懂得使用儿童攀爬

器材、荡秋千、游泳和踢足球。

这第二种脑部的发育类型可以在任何年龄发生。某些学习，如学习外语，在青春期以前的确比较容易，但词汇是终其一生都能积累的。一般而言，这类学习并没有单一关键的时间点，人脑可以在任何时间学习经验依赖型的知识。

因此，还让孩子沉浸在莫扎特的世界中，希望刺激他们的音乐或其他方面的智能就没有太大意义。较晚学会阅读的儿童，有时候文化教养甚至远远超过那些在最早可能开始识字的时候就学习阅读的孩子。孩子就算没有玩具，也还有一个由草地、人行道、家具、地毯等组成的复杂世界可以探索，得以学会如何与世界交往。

环境触发脑部的发育模式，能适当地参加体育运动的儿童，脑的所有区块，包括与运动和平衡相关的部位，都会因为受到挑战而进步。

2. 脑发育受先天与后天环境两者的影响

脑发育是否受先天基因或者后天因素的影响，这个议题在过去100年间始终争论不休。今天我们可以看到的共识是，先天的因素对大脑的组织约有30%—60%的影响力，而40%—70%则是来自环境的影响。作为教育工作者，我们最能影响的也是学生的后天部分，因此，在谈到大脑对各种影响的反应时，我们必须谨记的最重要一步是消除学习环境中的危险因素。首先要做的是消除负面的影响，会产生负面影响的因素包括让学生难堪、斥责、不合理的时间限制、强迫学生放学之后留下来、羞辱学生、讽刺学生、教育资源匮乏或校园欺凌等。这些对于长期的学校学习目标毫无正向的作用，一旦这些威胁性因素被消除，我们就可以设法建构出正向的教育环境。

3. 大脑因为环境的刺激，会生成新的连接

美国加州大学伯克利分校的神经解剖学家玛丽安·戴蒙指出，当我们处于丰富多样的环境时，我们的大脑皮质会变得更厚，产生更多的树状突分支和更大的细胞体。这样的改变表示，大脑的细胞之间能够更有效地沟通，不仅如此，大脑也会有更多的支持细胞。上述这些情况在给予大脑丰富的环境之后的 48 小时之内就会发生。戴蒙的论点，被后继的许多研究证实，环境因素的确能导致可预测和极显著的结果。环境的影响力就体现在细胞之间形成连接的过程中，因此许多研究认为，增强对神经系统的刺激可能增强学习能力。聪明的人可能有比较大量而且相互紧密联系的神经网络。神经系统连接上的变化与人们可以从复杂的经验中获得改变，这两种看法不谋而合，尤其是在学习和记忆两方面。这种观点告诉我们，环境对于大脑的构造的影响，同个人的亲身经历一样深远。

五、脑发育特点

（一）脑部的发育可以在任何年龄发生

某些学习，例如学习外语，在青春期以前的确比较容易，但词汇是终其一生都能积累的。一般而言，这类学习并没有单一关键的时间点。突触的产生会随着活动类型不同而变化，例如学习全新的肢体动作时，新的突触会在大脑皮质上产生。

滨夕法尼亚大学的研究者借助功能性核磁共振造影发现，我们的大脑有些区域只接受字母的刺激，而不是词汇或符号，这个结果告诉我们新的经验（例如阅读）可以被植入大脑中。综上所述，我们可以说，当我们改变环境的形态时，大脑发育情况也会随之改变。大脑的变化仍然十分神秘，学生如果在年幼时遭受视觉方面的剥夺，就会影响大脑。如果有不良的经验，错误的突触便会影响整个系统的功能。

因此，在教育中，越来越多人重视提供合适的丰富环境，最有力的证据之一便是现在我们越来越了解环境可以影响人类。虽然你无法使智商 70 的人变成智商 150，但是你可以用不同的方法改变他们的智商测量结果，偏差会在正负 20％左右，视不同的环境而定，如果真是这样，最大的差距就有 40 分左右。

那么到底教育能如何影响大脑呢？

神经科学家雅克的研究证实，对动物所做的丰富的大脑研究的结果也可以在人类大脑上复现。他发现，从大脑剖面图来看，研究生的大脑比高中辍学生多出40%左右的神经系统连接，而且长期投入高难度活动的研究生，相比没有参与高难度活动的研究生，其大脑的成长高出25%。因此，我们不能只看教育水平，经常学习新经验和接受新挑战才是大脑成长的主要因素。那些只是在学校中闲散过日子的研究生，比起那些天天埋头研究困难问题的研究生，其神经网络连接较少。总之，具有挑战性的知觉刺激，就像大脑的营养品一样。

（二）大脑在早期学习阶段的成长速度是最快的

威恩洲立大学神经生物学家朱甘尼指出，学龄时期的大脑，大量消耗体内的葡萄糖，来满足成长的需要，所需的能量大约是成人的225%。大脑在早期学习阶段的成长速度最快，也最能学习。在这个时期，刺激、练习和新奇都是奠定未来学习基础的关键要素。外在的环境是大脑成长的真正食物。大脑吸收了味道、声音、影像、口感、触觉，并且重新组织所有这些吸收进来的东西，变成无数的神经系统连接。当大脑开始理解外在世界时，也创造了神经系统的桃花源。罗杰医学院的神经学家塔拉认为，人人都应该拥有这种重要的学习机会，他说："别只是等待，你不会再有这样的机会了。”因此，我们就不难理解，为什么家长希望他们的孩子被认为是资质优秀的学生。因为错过这个学习机会，还意味着他们的孩子会错过大脑神经网络发育的最佳机会。

第二节　儿童身心发展与学习

由于全世界智慧型的竞争环境，21 世纪的国家竞争力，绝大部分来自人脑的知识资源，而不是传统的物质资源。这种趋势加上教育改革的浪潮，使得大多数的家长都想让孩子赢在起跑线上，对于孩子的学习发展与智慧表现也越来越关心。胎教、零岁教育、学前教育，家长总是千方百计地从旁协助孩子，但是许多需要费心劳神去实践的育儿经很多时候却达不到家长们预期的效果，甚至让家长在期待—失落—期待的循环中焦虑地等待孩子的成长，在这个教育的过程中，父母对孩子的期待与评价，经常会在言语及日常生活中有意无意地显现出来。积极正面的期待会使孩子感受到爱与支持，相反的，负面消极的评价会使彼此之间产生敌意和对立情绪。恶性循环的结果会使孩子产生不良的行为。有些家长也在教育子女的过程中，出现焦虑不安的情绪，究其原因，主要是家长对孩子不了解。有一位家长向指导师抱怨他的孩子还不会写字。指导师问他孩子现在几岁了，他说4岁了。执笔写字是5岁儿童才发展出来的能力，家长却要求4岁的孩子把字写好，4岁的孩子还没有完全具备这个能力，这时如果强逼孩子做这个动作的话，不但字写不好，孩子因为要写好这个字，手腕和小肌肉关节用力不当可能会导致孩子的握笔姿势不正确，或手指关节变形。很多家长不了解孩子的发展和成熟是有顺序和规律的，当孩子的脑和心理的成熟度还没有达到那个标准的时候，就让他去做一些他的能力达不到的事情，往往会给孩子带来一些压力和身体上、心灵上的创伤。所以，作为家长，应该要了解儿童的生理、心理发展规律，不同时期孩子具备的学习能力、行为特点、心理特征，这样才能更好地为孩子做教育规划，让孩子的身心发展更趋向健康。

所有的动物都会成长，人类也一样。小鸭子会变成大鸭子，小蝌蚪会变成青蛙，婴儿也会变成大人。在这一点上，所有的人都是平等的，每个人都是从婴儿开始成长的。人类的发展是一种依序进步的过程，在成长过程中，发展遵循一些顺序，比如，婴儿一定是先能够将头抬起，之后才能翻身，然后才会爬，才会坐起来、站起来，才会走一步、二步，最后学会走路，都是前一个阶段走完了以后才能进入下一个阶段，没有婴儿是先会走路才会爬的。人类的心智发展也是如此，比如语言的发展，也是有顺序的，一开始婴儿发出 baba、mama 等音节，之后是咿咿呀呀学语期，然后学说单字，继续增加到两个字的词汇，字词和句型逐渐复杂，一直达到成人的程度，心智的发展和身体的发展模式一模一样，都遵循着发展的顺序。而这些发展条件又离不开遗传和环境的影响。

我们可以从许多方面来看发展的特征，例如生理的发展是身体组织结构的成熟，动作发展是各种动作技能的逐渐成熟，认知发展是孩子的心智功能的成长，而社会发展是孩子彼此交往的改变。因为家庭和成长环境不同，虽然所有儿童会以相同的阶段顺序通过，但他们不会以相同的速度通过。一般来说发展上的正常差异可以高达两年，族群和文化的差异也会影响发展。

虽然发展和智能成长遵循着一些规律，但是不会以相同的速度前进。比如，一个很聪明的孩子，在智能方面发展比较快，但是，他在身体或者社会方面的发展也有可能会显得比较慢。有些智能中等或偏低的儿童，他们在身体或社会方面的发展有时是领先的，或在音乐、绘画等艺术方面的发展超过传统智能的发展。教育应该本着因材施教的原则，以每个孩子的生理发展特征为基础，而每个时期孩子的发展和成熟特征都不相同，下面我们将针对 4—14 岁学龄前、学龄期儿童的发展特征进一步说明，在不同的年龄段，通常会有哪些不同的特质，借此希望家长能够对孩子的行为心中有数，当孩子的表现不符合家长的期待的时候，家长不至于胡思乱想，甚至焦虑。

一、精力充沛、动个不停的 4 岁儿童

我们常听到 4 岁儿童的家长抱怨，他的孩子没有片刻安静的时候，屁股像马达一样动个不停，家里的东西都可能变成孩子的玩具，弄得房间就像游乐场，甚至有些家长怀疑自己的孩子是不是得了多动症，这就是充满活力的 4 岁儿童。他们无论男女都精力充沛，无拘无束地过着快乐的每一天。他们的心智在这个时期快速地成长着，他们常常充满好奇心，不停地探索着周围的世界。“这是什么？为什么太阳是圆的？为什么风是凉的？汽车里有什么？”他们的问题不断，因此，家长随时都要准备着《十万个为什么》来应付这些小脑袋瓜。4 岁儿童往往更需要具有弹性、刺激和创意的学习方式，他们对新鲜的舞蹈动作、户外游戏及戏剧表演等都充满了兴趣。

（一）笨手笨脚的4岁儿童

4岁儿童虽然好动，但是身体协调性还不够成熟，有时显得笨手笨脚，常会打翻东西或把环境弄得乱七八糟。他们的精细动作还不够成熟，写字、绘画常常使用整个手掌握笔。他们更喜爱体能活动，如跑、跳、爬，很难安静地坐着。

（二）喜欢交朋友的4岁儿童

4岁的孩子喜欢接触陌生的人，喜欢交朋友，喜欢和同伴们一起玩，喜欢冒险，喜欢挑战性的游戏，他们的注意力很快就从一件事转移到另一件事，他们可能这一分钟还在搭积木，下一分钟又去开火车了。他们对新的事物充满了好奇心和探索欲。他们对母亲有强烈的情感，但不会全部依赖成人，他们虽然喜欢像个成人似的工作，比如扫地、擦桌子、叠衣服、分碗筷等，但是还需要成人从旁协助。接近5岁的儿童有时会感到焦虑、恐惧或做噩梦。

（三）健谈的4岁儿童

4岁孩子喜欢听别人讲话，也喜欢自己讲话，讲不停、话多甚至喜欢使用复杂的字词，喜欢尝试讲新的词汇和语句，有时喜欢讲脏话或者诅咒的话，喜欢听故事。

（四）善于在游戏中学习的4岁儿童

4岁的儿童更善于在游戏和探索中学习，通过游戏动作增强手眼协调能力。他们也喜欢通过有想象力的游戏来模仿成人的角色或扮演游戏中的角色。他们喜欢音乐、儿歌、律动。他们通过大肌肉而不是小肌肉来学习，比如搭积木、做模型，而不是纸笔作业。

（五）4 岁儿童的精细动作尚未发展成熟

因为视觉和精细动作还不够精确，阅读和书写尚有困难，他们会使用整个手来写字，而且写出来的字潦草，字体也比较大，涂鸦着色也容易出格。

（六）4 岁儿童喜欢学习但专注的时间比较短暂

他们喜欢听故事，喜欢自己单独阅读绘本，这个时期可以为他们提供学习算数的机会。儿童通过玩积木、魔术方块、泥沙、水等材料，进行大小、形状、长度和容量方面的探索，进行数数和分类的活动，用听故事的方式来学习数学，比如计算碗筷、鞋子等。这个时期的儿童学习的速度很快，但持续学习的时间比较短暂，需要多阶段、短暂的学习方式。

（七）不守规则的 4 岁儿童

4 岁儿童通过模仿学习，他们的行为很容易被改正过来，所以错误的行为应该给予及时的指正。有些超有活力的 4 岁儿童常有“不守规则”的表现，假如他们被惹火了，他们会又踢又打又吐口水，很容易冲动，跑来跑去，跳上跳下。这个时期孩子的语言能力飞速发展，家长和老师可以多用语言来规范他们，给他们讲道理，以此纠正他们不恰当的行为。

二、充满阳光的5岁儿童

5岁的儿童内心充满阳光，他们热爱生活，并感受着生活的光明面。他会告诉家长，他是一个乖孩子、好孩子，他不打同学，他很优秀。5岁儿童乐观开朗，过着充满热情的每一天。他们开始注重规范，老师让他坐好，他会坐得笔直。他们守规矩，并会用好的行为来讨好老师，例如问老师："老师，我这样做对吗？我做得是不是很棒？"他们生活中主要的目标似乎就是取悦重要的成人，这个时期妈妈和老师是他们的世界中心，他们会全力讨好妈妈和老师，陪妈妈聊天、玩耍，给老师送爱心礼物。他们已经不再像4岁孩子那样常常惹麻烦，他们自然而然地变得更安静、有节制、守规则。他们更有能力判断什么事该做，什么事不该做，有了自我控制能力。对于家庭，他们已经能感受到浓厚的感情，他们更爱家了。

（一）5岁的儿童可以握笔写字了

5岁儿童的大肌肉活动的灵活度越来越高，但是平衡感还不是很好，容易从椅子旁滚落，但能控制身体的行为。小肌肉的运用也更加娴熟，剪贴手工做得越来越好，他们可以用3根手指抓握铅笔，会画直线、曲线，从左到右，从上到下，视觉空间能力越来越强。

（二）5 岁的儿童是最好的玩伴

他们大多温顺、友善、有礼貌。他们喜欢帮忙与合作，喜欢规则和例行的事情，这个时期他们的行为举止合乎礼节，在幼儿园他们需要被认可，也希望被明确地告知他们需要做什么，怎么做。不过，让他们从别人的角度看事情仍然有些困难。

（三）充满幻想的 5 岁儿童

“妈妈，你看那天上的云像什么？”“妈妈，奥特曼能来救我们吗？”5 岁儿童的大脑充满了幻想，虽然他们的词汇量还不够，表达力还不够强，但是，他们可以把自己的想法大声说出来。

（四）5 岁儿童的阅读能力

他们因为视线轨迹（从左到右）尚未完全建立，抄写黑板有困难，开始阅读时，经常需要用手指来定位，有时字母和数字会写颠倒。这个时期可以开始教导用手写字，但不能指望他能一排一排写得很整齐，排放字母、数字和汉字会有困难。

（五）5 岁儿童需要大量运动

5 岁儿童仍旧需要大量的户外和室内身体活动，这个年龄适合结构化游戏，如老鹰抓小鸡、科学小实验等。

（六）5岁儿童从重复性学习中获得知识

重复性的行为可以让5岁儿童拥有最大的学习效果，重复的故事、诗词、歌曲、游戏等和每天固定的作息安排都很重要。另外，5岁儿童对可操作的东西非常着迷，比如积木、彩色的涂料艺术品和工艺品等，可以满足他们主动探索的欲望。

（七）5岁儿童一次只能集中精力做一件事情

5岁的儿童能安静地坐着做事情，他们一次可以做15—20分钟。不过，他们一次只能做一件事情，经常还是需要老师的允许才会去做下一个工作。

（八）爱阅读的5岁孩子

孩子从小的时候就喜欢听故事，但到5岁的时候会达到高峰，很多时候，他们不但喜欢听故事，也喜欢看书、认字，甚至说故事给自己听。

（九）幼儿园老师成为仅次于家长的重要人物

在生活中，幼儿园老师变成他们非常重视与尊重的人物，他们敬爱老师仅次于家长，他们喜欢老师、依赖老师，和老师的关系很融洽，他们常说“这是老师让我做的”“我们老师说的”这些话，听老师的指令甚至超过听父母的指令。

（十）5岁儿童的生活自理能力已渐成熟，但还需要父母的协助

5岁孩子虽然可以自己洗手、洗脚，但是洗身体的其他

部位还需要家长从旁协助。虽然可以独立穿脱衣服，但在顺序上还是有点乱，家长可以把衣服、裤子、鞋袜等按照顺序排好，让孩子按照顺序穿衣服，这样可以让他们更守秩序。

（十一）5 岁孩子的情绪趋于稳定

因为 5 岁孩子的语言能力已经可以让他们即时表达出他们的想法和情绪，所以，5 岁的孩子已经不像以前一样用肢体语言来发泄情绪，不过到了 5 岁半到 6 岁之间的时候，孩子的情绪开始向 6 岁时的紧张焦虑接近，他们会出现焦虑不安的状况，这个时期的孩子容易咬指甲、吮手指头、捻衣角，甚至有的孩子还会拔头发。

（十二）幼小衔接阶段 5 岁到 6 岁的转变

接近 6 岁的 5 岁儿童，视觉和听觉的混乱颠倒很平常，他们好动静不下来，精细动作技能还很笨拙，握笔的方式多变，紧握东西后手会酸，站着做事情时容易疲倦。语言的组织能力还不是很好，他们含糊其辞，有时说“要”，有时又说“不要”，有时语言上的回答不代表真正意义上的理解。他们开始运用语言来解释更细节的内容，需要用许多不同的方式来表达他们所知道的，即使有时他们会获得错误的答案，他们也会不断地试验，以此验证他们的行动。这个时期的孩子在听指令的时候表现不佳，听觉上有颠倒的现象，比如先回答最后听到的问题。到了快6岁的时候，儿童常出现叛逆的行为，行为上常挑战权威与极限，容易抱怨或大发脾气，出手打人，在家里表现很好，在幼儿园表现很差，或者情况相反。在认知发展方面，他们比较容易尝试新的活动，会犯很多错误，不过有些错误他们是知道的。在视觉和精细动作方面，他们的字迹没有那么整齐，而且文字颠倒的情况较多，字母和数字的颠倒达到高峰，阅读和书写可能会非常困难。

接近6岁的5岁儿童，比5岁时更需要一致性的规则与规范。严格的规范，特别是犯错误时，老师和家长经常的询问和指正，效果比5岁时要好。学习方面开始为上学作准备，这个时期他们铅笔的握法变成用3根手指的方式，写字母时倾向写大写，字和字的间隔不规则。开始学习计数、分类、设定集合，用实际的物品进行简单的加减法，开始使用纸笔来计算数字，学习简单的等式，继续大小、形状、长度和容量方面的探索。

三、快速变化的6岁儿童——人生的第一个转折点

6岁是儿童在身体上、认知上与社会性上变化剧烈的一个年龄。这个时期他们变得更成熟、更独立、更大胆、更富有冒险精神。他们经常匆匆忙忙，想赶快把事情做完再

去忙其他的事情，他们喜欢做作业但不注重作业的结果。这个时期他们的视觉发展更成熟了，但因大脑尚未完全分化，他们常常会出现写字颠倒、写反字的情况，比如，b、d 不分，p、q 不分。大部分 6 岁的孩子在心智方面有较大的进展，他们喜欢数数、计算或念拼音给家长听，同时，他们的理解力有突飞猛进的发展，开始理解语句和符号，并且发展出一定的推理能力。5 岁和 6 岁儿童的差异是非常明显的，他们对自然世界因果的理解能力开始转变，比如开始思考："为什么天上的云会移动？小宝宝是怎么从妈妈的肚子里跑出来的?"这个时期的儿童视野更加宽广，儿童的认知发展也跟着转变。6 岁儿童可以开始了解别人的观点，并且以更客观的方式来考虑规则和行为。从许多方面来看，6 岁是一个关键的时期，是人的一生的一个转折点，是一扇开放的门。6 岁儿童对所有的学习都非常开放，而且容易接受。他们具有高度的"渴望""好奇心""想象力""动机"和"热情"，也许一生中再也没有这样的能量或强度可与此时相比了。

（一）想当第一名的 6 岁儿童

6 岁儿童的教室里充满着吵闹、嬉笑和打闹，嘈杂的教室环境常伴随着他们。有的孩子懒散，有的孩子匆忙，有的孩子站没站相、坐没坐相，甚至会从椅子上滚落。他们容易疲劳，经常生病。他们喜欢户外活动、体育课，这个时期是换牙的时期，口腔需要刺激，所以他们很容易咬铅笔、指甲。

他们有当第一名的愿望，对竞争性的事物表现出热情。因为要争取第一名，在竞争中也常表现出攻击性，他们渴望把事情做好，并进行大量尝试。不过他们的抗挫折能力弱，喜欢被鼓励。他们非常喜欢做快乐的事情，喜欢惊奇和找乐子，也会表现得霸道或嘲笑别人，受伤害时容易生气。6岁儿童开始重视朋友，其他的孩子对6岁儿童的影响很大，他们喜欢跟朋友玩，但是在玩的过程中容易产生冲突，他们爱争执、吵闹，容易激动和情绪化，因为他们想赢，所以会出现冲突行为。6岁儿童大部分时间是在学校里度过，所以学校取代家庭成为最有影响力的地方。

（二）具有探索精神的6岁儿童

6岁儿童喜欢新的地方、新的想法、新的成就，喜欢新游戏，他们喜欢做事情，喜欢解释事情，喜欢笑话和猜谜游戏，喜欢使用喧闹和热情的表达方式。不过，6岁儿童也会展现叛逆的个性，比如爱顶嘴、反叛和发脾气。

（三）6岁儿童的人际关系有些紧张

6岁儿童玩耍时容易和玩伴产生争执，用难听的话对骂，或拉扯、打架，他们常抱怨其他的孩子耍赖、不守规则。不过他们常常今天吵完明天就和好了。尽管彼此之间会有冲突或不好相处的情况，但是，他们的生活中不能缺少朋友。

（四）6 岁儿童有广泛的阅读兴趣

6 岁儿童一样喜欢阅读，喜欢自己阅读绘本，也喜欢别人给他念书。他们学会几个字后，会很卖力地用这些字来阅读。他们的阅读兴趣很广泛，如动物、自然、科幻等方面，只要是字不太难并带有一些插画的书，他们都喜欢。

（五）6 岁儿童的时间概念日渐成熟

6 岁儿童对时间的前后延续越来越有感觉，他们对以前发生的事情也会感兴趣，比如他们喜欢妈妈讲他们小时候发生的事情。不过 6 岁儿童大多数都看不懂时钟。他们对“一会儿”没有具体的认识，对他们说“你可以再玩一会儿”，他可能会玩 2 小时，如果家长不叫他，他会一直玩下去。所以，家长不如到时间就叫他，“30 分钟到了”这样简单的指令会比较好用。他们知道上学、放学和喜欢的电视节目的时间。对于时间概念，有的孩子掌握得好，有的孩子掌握得不好。

（六）6 岁儿童的空间概念

6 岁儿童空间安排有困难，难以写出一条直线的字体，不过他们对环境空间的认知正在拓展，他们对街道、家庭及社区里的地理位置掌握得不错，包括各个教室的方位也能掌握。不过在空间概念上因为个体差异,有的孩子掌握得好,有的孩子掌握得不好。

(七)6岁儿童的艺术快速发展期

6岁的儿童喜欢各种游戏,对游戏、诗歌、谜语和歌曲感到快乐与兴奋,通过游戏教学会比课本学习更容易产生高效的学习模式。6岁也是艺术才能快速发展的时期,他们对玩黏土、绘图、跳舞、着色、书写及唱歌都会很认真地尝试。他们期待完成大量的作品并会感到骄傲,但是他们只在意做了多少,而不关心做得好不好。6岁的儿童已经准备好要去体验个人和团体的责任,包括写作业、打扫等。

(八)6岁儿童的读书写字能力

到6岁半,许多孩子已经会阅读了,他们会用手指指着字阅读,以免念错行,父母应该允许他们这样做。他们可以念一些他们熟悉的书。他们开始喜欢文字游戏,对文字开始感兴趣。如果他们念错了,也可以自己指出错误的地方。大多数6岁的孩子都能写自己的名字,如果没画线的话,他们会把字写得歪歪扭扭、不工整,字写得很大或写出格。

(九)6岁儿童做好上学前的准备了吗?(附入学前考量表)

有些孩子上学后会出现反抗上学,上学后老师常反映在学校里孩子的注意力短暂、静不下来、坐不住,或感觉功课太难的现象。还有的孩子虽然上学了，但是生活自理能力很差，不会整理书包，不会准备学具，甚至穿脱衣服还有困难，这些现象都表示孩子还没有做好上学前的准备。

现在给出约翰·奥斯丁(John J. Austin)所做的“一年级学前考量表”，家长可借助此表来预估一下自己的孩子有没有做好上学前的准备。

(1) 你的孩子开始上一年级，接受阅读指导时，是否已经6岁半或更大？

(2) 你的孩子已有2—5个恒齿了吗？

(3) 你的孩子能否说出他居住的地方？

(4) 他会描画而且着色时不超出描线的范围吗？

(5) 他能在5—10秒钟内闭眼单脚站立吗？

(6) 他能骑小型的两轮车(没有辅助)吗？

(7) 他会分辨左右手吗？

(8) 他能自己在附近(4—8条街的距离)走动吗？他能自己去店铺、学校、公园或朋友家吗？

(9) 他能跟你分开一整天，而不觉得沮丧吗？

(10) 他能对你重复说8—10个字的句子，如“他从店铺直接跑回家”，他能重复无误吗？

(11) 他会正确地数8—10个硬币吗？

（12）他会试着涂写、抄文字或数字吗？

四、7 岁是一个沉静有思想，感情很旺盛的年纪

7 岁儿童经常喜欢一个人长时间待在房间里看书、听音乐、玩动物或者是洋娃娃。在学校里，他们也喜欢自己做事情，而且喜欢在安静的角落看书或工作。他们也喜欢和最好的朋友一起活动，虽然朋友之间的关系可能时好时坏。这个时期是成长的内敛期和整理期。对 7 岁儿童开玩笑，讽刺他，会让 7 岁儿童觉得痛苦，因为"答错了"或者"被认为笨"而受人嘲笑，会让 7 岁儿童感到愤怒进而哭泣。有这种感觉的 6 岁儿童可能会出拳打人，但是 7 岁儿童更倾向于将这种感觉藏在内心深处。7 岁儿童开始有更细腻的时间、空间和数量的概念，同时他们也更善于在写作和图画中象征性地表达出他们的理解，他们在这个年龄能更好地学习数学概念。7 岁是一个思想、感情、活动都很旺盛的年纪，他们在努力工作和自我评估之间寻找平衡，并由此产生胜任的感觉。

（一）听老师话的 7 岁儿童

"老师说什么就是什么。"7 岁的孩子视老师的话为"圣旨"，7 岁的孩子可说是迷恋老师，每个孩子，不论男生还是女生，都期望得到老师的关注，甚至他们的学校生活快乐与

否也会受到与老师的关系影响。7岁的孩子喜欢在学校里把功课写完，写不完的才会带回家去写。写作业的时候他们大部分会保持安静，这个时期的儿童容易出现近视，写作业时头低垂到桌面，写字时像钳子一样握住铅笔尖端，他们对橡皮擦情有独钟，作业写得很整齐干净，如果写得不好，他们会一直擦、一直擦，经常会看到他们的本子被擦破。他们的反省能力增加，经常涂改写过的东西，想让作业更完美。

（二）7岁孩子说得比写得好

7岁孩子的阅读能力比写字的能力要好，所以成年人会常常发现他们说得很好，一落实到笔头就不行了，要么写不好，要么写起字来磨磨蹭蹭。他们的写字能力还处于临摹阶段，如果成年人不给他写好的字作样本，他们很难独立写出字来。在书写数字方面，可以按顺序写出，也不会再将数字写颠倒，比如把12写成21。字体的大小也比较平衡，也可以控制字与字之间的间距，不会挤在一起。

（三）沉静的7岁儿童

7岁儿童相对于6岁儿童较安静，他们不再动不动就发脾气、踢桌子、摔东西，7岁的儿童更为内向、安静。虽然他们有时会情绪化，却是压抑的，闷闷不乐地把心事藏在心里，常会说没有人喜欢他，他们缺乏安全感，常常担心一些事情的发生，担心小朋友不喜欢他，担心自己做不好某些事情，担心上课会迟到，害怕黑，不敢自己去公共厕所，不敢一个人睡觉等，当他们紧张焦虑的时候，他们常会咬指甲、吮手指头、挖鼻孔、口吃、小声地自言自语。他们不喜欢犯错或去冒犯错的风险。这个时期的孩子会比较认真地对待周围的人和事。他们的房间、桌面保持得比较整洁，他们需要持续的鼓励，他们具有强烈的爱憎情绪。

（四）7 岁是智力快速发展的时期

他们的智慧能力在这个时期快速发展，对字词的意义有兴趣，喜欢传纸条，喜欢各式各样的符号。他们可以将真实世界的一些重要性质抽象化，例如数学。在计算方面，大部分孩子都能把 10 以内的加减法做好，如果题目中的数字较大，他们可以把大数字拆成小数字重新进行加减。对简易的除法，能够将具体的东西一分为二、一分为三、一分为四。他知道 10 个一元等于 1 个 10 元，一个 10 元又等于 2 个 5 元的转换，三位数以内，大部分孩子都能搞清楚每个数字的概念、大小和其所在的位置，了解个位数、十位数和百位数的不同，比如 324 中每个数字代表的意义不同。他们能基本掌握各种形状、大小、多少、高矮、比例、谁比谁高、谁在谁的后面等相关概念及它们之间的逻辑关系。他们喜欢和老师在一起口头复习，喜欢和老师联系，喜欢收集和分类。

（五）7岁孩子的道德观念

7岁孩子有明确的道德标准，比如，“我不可以打人”“你骂人你就不是好孩子”“我们老师说不可以”，他们特别在意他们不能说谎、不能骗人，对自己的过错会说“我不是故意的”。他们可以清楚地判断是非。孩子对所有事物的概念比以前更清晰。这时候的他们，有能力保管好自己的东西，比如自己的文具，还会整理自己的书包等。

（六）7岁孩子的父母要注意些什么？

（1）和孩子做朋友，尊重他们，不要总是命令他们，催促他们，限制他们的自由。（2）给孩子选择的自由，比如让他们选择先做作业还是先玩，让孩子感受到他们有选择权。（3）欣赏、肯定孩子的进步，家长的欣赏和鼓励，会激发孩子的学习欲望，最后孩子会享受学习的乐趣。（4）不伤害孩子，不引起父母和孩子之间的对立情绪。

五、活泼好动且幽默的8岁

对8岁的孩子来说，在操场上男生追逐女生或女生追逐男生的情形经常发生。他们喜欢小团体游戏。这个年龄的男生特别喜欢带有脏话的笑话，但不管是男生还是女生，都同样喜欢各种幽默的语言和文字，包括谜语、打油诗以及有双关语的笑话。8 岁儿童喜欢动手的活动，比如手工作业、电脑操作、画图素描以及搭积木等。不过当他们做不好这些事的时候，他们就会产生很强的自卑感，他们展示出较弱的抗挫折能力，比如玩游戏输了，会感到沮丧、不高兴或是发脾气。8 岁的儿童通常没有耐心，不够专注。如果做错的题目让他们修改，他们会不耐烦。不愿意面对感觉困难的题目，会逃避，会经常说“妈，我不会，你来教我吧”“我不会”“我怎么可能会呢”等没有自信的话。父母和老师经常感叹：“只要他肯尝试，他就能够做到，但他就是懒惰，缺乏动机，他从来没有对一件事情专注超过一天。”事实上 8 岁儿童在尝试一件又一件新的事物时，他正在和自卑感搏斗。这种不确定性将在 9 岁时达到高峰。

（一）眼高手低的 8 岁儿童

8 岁儿童经常眼高手低，他们喜欢挑战超过自己能力的事情，高估了自己的能力。不过还好的是，这个时期的儿童行为上较有弹性，犯了错马上会改正。8 岁的儿童行动很快，工作充满精力，需要大量的户外活动时间，动作有点笨拙，注意广度有限，远近视力都很好。他们合群，喜欢幽默，喜欢合作式地工作。他们喜欢和同性别的玩伴一起玩游戏，也会因为不知道自己的极限和能力范围，不知天高地厚常带来麻烦。他们爱交朋友，8 岁儿童的朋友人数通常比7岁时还要多。

（二）8岁儿童成长迅速

8岁的儿童成长迅速，他们好动，体力旺盛，活动量很大。他们喜欢在操场上玩分组的游戏，喜欢和同性玩伴一起玩，喜欢户外活动，比如老鹰捉小鸡游戏，他们很投入地玩，而且经常玩到精疲力尽。有些体力旺盛的8岁儿童，如果不玩到很累都停不下来。所以，有些家长会怀疑他是不是有多动症。对于8岁儿童，课间如果让他们到操场上活动一下，有助于他们上课集中注意力。8岁儿童，小肌肉的精细动作发展已经趋于成熟，对铅笔的握法，此时应该像大人一样要求他们。如果达不到，可以使用握笔器来改变习惯。8岁儿童可以抄写黑板内容，并且处理较复杂的作业内容。

（三）勤奋的8岁儿童

这个时期的儿童非常勤奋，他们会尽可能地完成交给他们的任务，有时甚至夸大自己的能力。小的成功，会让他们沾沾自喜，并信心十足。他们喜欢团队合作，在小组中工作最有效率，喜欢承担责任。能够建立整体感与和谐感。这个时期性别议题变得更为重要，对公平性的问题有兴趣，超越自我的道德责任感逐渐增加。

他们对学校作业的过程和结果有兴趣，重视老师和同学对他们的评价。8岁的儿童越来越有规划能力，并对事情如何进展，如何组织资源，如何达到目标深感兴趣。这个时期的儿童对大自然生态环境也感兴趣，喜欢探索，喜欢亲自体验。

（四）8岁儿童的读写能力

8岁儿童不但可以独立阅读，还能总结出文章的中心思想，阅读理解能力迅速发展，可以理解词句之间的逻辑关系。他们可以用更具描述性的语言写相当长的故事，对各种写作类别感兴趣，最喜欢用流水账的方式叙述故事。

（五）8岁儿童父母要注意些什么？

因为8岁儿童非常在意和妈妈的亲密时光，因此妈妈可以利用这一点和孩子好好协商，比如孩子做了某件事以后，妈妈可以多花些时间和孩子一起做事情，这个时期的孩子希望能取悦妈妈，非常渴望妈妈的称赞和关注。妈妈们不要吝惜对他们的赞美和鼓励。

六、9岁：小小少年、少女们提早叛逆的年龄

9岁当然比其他任何岁数都还要刺激，但并不是所有的时候都那么有趣。

——罗尔德·达尔

“还不快去写作业？都三年级了，作业那么多，再不写又要写到很晚！”“可是我现在还不想写啊！等我想写的时候再写，我为什么一定要听你们大人的？”

（一）9 岁儿童的小青春期叛逆

为什么明明还没到青春期，9 岁儿童就提早“叛逆”了？“大人烦死了，你们只知道对我吼，你们根本就不了解我！”

发展心理学家皮亚杰(Jean Piaget)将儿童的道德发展分为三阶段：0—5 岁的“无律期”，不懂规则；6—8 岁的“他律期”，可以遵守成人制定的规则；9 岁后进入“自律期”。9 岁儿童在抽象与逻辑能力方面开始发展，当思考能力提升，孩子便开始有自己的想法，再加上 9 岁儿童口语能力大增，孩子与父母间的口语冲突激增，这时候家长会发现他们爱顶嘴了，实际上，孩子正在展示自我意识，这在发展进程上是正常、自然的现象。

9 岁儿童有明显的焦虑，他们会抱怨疼痛以及受伤的心情。他们紧张时会咬指甲、扯头发等，考试可能会给他们带来“灾难”。三年级的儿童成绩容易下滑，9 岁儿童的老师会发现他们很快就写完试卷，因为他们只是随性地写下答案，而不是思考他们所知道的，有些儿童只做一半，因为他们在思考正确答案时会陷入困境，而且拒绝写出错误的答案。9 岁儿童在真正考试前需要许多练习的机会来减少测验所带来的焦虑。

（二）9 岁儿童面临的四大压力

第一压力：学业加重的压力。不只是学习内容倍增，难度也加大，这让他们对于一二年级轻轻松松的学习状态的改变感觉不适应。第二压力：生理转变不安的压力。有的孩子生理上已经出现第二性征，也开始产生性别意识。第三压力：自我意识抬头，想摆脱父母的保护，对过去服从的规则开始产生怀疑与抗拒。第四压力：对同伴越来越重视的压力。他们常被同伴之间的人际关系所影响。这个时期情绪的处理还不够成熟，所以受到挫折时，就以负面情绪来应对。这四种压力，造成 9 岁孩子个性不稳定，内心的挣扎让他们不安，对 9 岁的儿童而言，没有什么事情是公平的，许多 9 岁儿童觉得他们专门被老师和父母不公平地对待。"你们从来没有公平地对待我，我不会为你做任何事情"是 9 岁儿童心理的写照。这个时期的孩子存在争取自主又依赖他人的矛盾心理。

（三）容易疲倦、容易受伤的 9 岁儿童

9 岁儿童协调能力更好，喜欢向极限挑战、向自己挑战，与人赛跑或设定跑步时限，男孩喜欢喧闹，他们无法安分地做一件事，容易疲倦，经常受伤。

（四）语言暴增的9岁儿童

他们喜欢智慧的语言，有时会使用夸张的语言。9岁是一个“否定”的年龄，“我讨厌这个”“我不能”“无聊”这些话是他们的口头禅，他们还会说“淫秽”的笑话，也会有墙上涂鸦的行为。9岁的儿童做事勤奋，善于自我批评，有向更广大世界迈进的愿望。他们的想象力减少，充满智慧的好奇心出现，并开始具备应对多种事物变化的能力。

（五）9岁是探索科学的好年龄

9岁是探索科学的好年龄，9岁儿童善于从阅读中学习。他们对完成的工作感到骄傲，注意细节，享受成果，但他们的兴趣来得快去得也快。

（六）9岁儿童的同伴关系

9岁儿童喜欢和自己所选择的伙伴一起工作，通常会选择同性别的伙伴，开始产生小团体意识。他们开始重视公平问题，对于竞争会非常在意。对于9岁儿童，体育课上的竞争必须用一种充满乐趣、轻松和幽默的方式来呈现。这个年龄是喜欢交易的年龄。9岁儿童可以在小组中工作，他们常为事实、规则、方向而争吵。

（七）9岁儿童的写作能力

9岁儿童有更好的协调能力，让他们有更好的控制力和对细节的掌控，在日常的作业及即兴的写作中，他们书写更加流畅，比8岁时写得更干净利落。他们可以抄写黑板。家长可以教9岁儿童查字典的技巧。可以要求他们对第一次的草稿进行修正，写出更好的文章，如在人物的描写、故事的情节、文章观点、上下文一致性和文章的可信度等方面精益求精。

（八）9岁儿童的父母该注意些什么？

虽然已经了解某些行为的出现，是成长需求的表现，但在实际相处中，当孩子出言顶撞或态度不佳时，父母很难不生气，该怎么办呢？(1)当孩子顶嘴时，父母最好耐住性子，等孩子冷静下来再谈，这样孩子较能打开心扉。先听孩子的想法，再告知父母的观点。(2)孩子隐瞒说谎时，先预想孩子说谎背后的动机，消除顾虑（怕被处罚、被责骂），教导孩子以正确的方式实现自己想要达到的目的。(3)当孩子不愿意说出心事时，多花点时间陪孩子玩，增进情感，取得信任，让孩子愿意把心事说出来。

七、10岁儿童的小青春期来了

10岁的儿童享受着美好的童年时光，并为即将来临的青少年狂飙期打下良好的基础，整理童年早期所获得的经验。10岁儿童比较容易集中精神，甚至是热爱从事一些可以用具体成果展现他们能力的工作，比如阅读报告、主题报告、基本的研究、写作以及科学记录等。他们乐于和同学分享知识，一起完成小组的工作。10 岁也是一起游戏和旅游的绝佳年龄。10 岁也是进行性教育比较好的时机，因为这个时候他们对自己的身体比较有自我意识。户外游戏对 10 岁儿童仍然很重要，可以让他们蹦蹦跳跳地跑回教室，甚至可以让他们绕操场跑一圈，这有助于提高他们身体和脑部的血氧浓度。10 岁儿童特别喜欢户外分组的游戏。对于竞争性的游戏，比如踢球、捉人游戏等，男生和女生不管在哪一种活动中都可以在一起玩得很好。

（一）10 岁儿童的青春期迹象

10 岁儿童的大运动能力和精细动作能力都较强，要特别注意那些需要技巧、毅力、灵巧、眼神接触和平衡的活动。10 岁儿童已经表现出成熟的迹象，例如皮肤多油，生殖器部位和腋下多毛。这个时期每晚应该睡 9—10 个小时，以确保身体分泌足够的生长激素。

（二）10 岁儿童对公平性议题的关注达到高峰

他们对是否公平非常在意，并有能力解决。他们会很快就生气，但很快就原谅别人。他们喜欢社团活动，正在发展更成熟的对错观念，善于解决社会性问题。他们是好的倾听者，他们的阅读欲旺盛，愿意自我表达，爱沟通。他们喜欢合作也爱竞争。爱合作的本质特性使得他们喜欢团体活动、整个班级的团结以及合作学习。这个年龄非常适合训练孩子处理同学间的纷争、调解与解决冲突的能力。友谊和公平性的问题不断出现，他们会使用团队分组游戏和竞争的方式来练习社会互动的技巧。10 岁的儿童对自己的能力一般而言是满意的，他们快乐而且适应性强，愿意接受老师的质疑并让大家知道。他们喜欢当较小儿童的小老师，也喜欢服务社区的工作。这个年龄急性子的儿童可能会冲动或突然掉眼泪，但通常很快就没事了。

（三）10 岁儿童越来越清楚“我是谁”

10 岁的时候，孩子们就知道自己是谁，许多孩子开始思考在哪所中学学习，并开始形成新的社会关系。他们的记忆力很好，抽象思考能力变得更好，喜欢规划和逻辑，对于分类和搜集产生浓厚的兴趣。他们对学业成就感到自豪。

（四）10 岁儿童的情绪问题

在这个阶段，许多女孩子进入青春期并逐渐发生生理变化，当她们面临剧烈的身体变化和生活中其他方面的变化时，她们的情绪会产生波动。她们有时会产生激动、怀疑、焦虑甚至困惑等情绪。这些情绪会妨碍社交。特别是，

10 岁儿童开始摆脱限制，无视成人的意见，这些会让亲子关系趋向恶化。这个时期，父母应该体谅孩子，并帮助孩子处理不愉快的情绪，如失望、愤怒、焦虑、悲伤和沮丧。

（五）10 岁孩子的读写

他们能够集中注意力，专注于手边的工作，随着精细动作技能的提高，会特别喜欢描摹或模仿地画地图和卡通人物。他们能够独立完成学校的作业，通常对家庭作业负责，很注意格式、结构方向和组织。他们能主动学习，背诵是一个重要的学习策略。他们喜欢有关地理、历史方面的书，还喜欢数学、电脑和电子游戏，他们能精准地分类排序，这使他们能够完成科学和数学专题的工作。他们对诗歌着迷，喜欢记忆和朗诵，这个时期可以用许多主题的书来吸引儿童。这个时期的儿童喜欢独自阅读，儿童想要一本接一本地把书看完。

（六）10 岁儿童的同伴关系

10 岁儿童和同性别朋友的关系越来越牢固，越来越紧密。他们会做出吸引异性注意力的行为，表现出对异性的兴趣。女生会抚摸头发、眨眼、微笑等，男生则会展现自己的力量和帅气。他们能够感知他人的情绪和肢体语言所代表的意思并能作出适当的反应。同时他们也能感受到自己与父母、兄弟姐妹之间的亲密关系，当然，也会与兄弟姐妹吵架。

（七）对于10岁儿童，父母要注意些什么？

鼓励孩子养成良好的学习习惯，设置作业时间和完成作业的区域。为孩子制定学习规则，比如在写家庭作业的时候不许玩手机、看电视、做与写作业无关的事情。

八、11岁是青少年时期的开始

11岁是青少年时期的开始，尤其是女孩子，她们的身体发育通常比男生快，此时有月经是很平常的事。男女生的情绪也随着身体的改变而变得更敏感和善变，他们身体上明显的不同，导致在游戏场上男女生分开活动。虽然男女生混合的活动还是会发生，而且也应该要加以鼓励，但这些活动就是没有办法像10岁时那么能吸引他们了。儿童从10岁到11岁会开始发生重大的改变。在认知成长方面，儿童似乎在挑战他们对这个世界的假设，因此会挑战成人给他们的限制。他们的认知结构和生理结构正以同样的速度进行重整。观察孩子们的圆圈游戏时，就会发现男孩子站在一边，女孩子站在另一边。男生看着女生身体上的转变，同时也在揣摩会有什么事发生在他们自己身上。两性都对性知识及身体的改变感到好奇，因此这方面的教育必须跟上。

（一）11 岁孩子开始向成人挑战

11 岁的孩子充满活力，永远处于动态，看到他，仿佛看到青春的影子，他宽以律己，严以待人，对别人的要求他磨磨蹭蹭，对别人的批评他反应迅速。在家他们是“小魔兽”，出门他们是“绅士淑女”，面对孩子的叛逆，有经验的家长都知道：全是成长惹的祸！孩子要变得越来越强壮，越来越独立，就得从家长的怀抱中挣脱出来，哪怕一点点小自由，他们都会使出全力去争取，如果家长能够看到这一点，就不会因为他们的叛逆而烦恼，而会因此感到惊喜。

11 岁的五六年级学生会对个人的学业成就比较在意，同时对同伴更为在意，这会造成老师和学生关系的不确定性。他们会通过尝试犯错来挑战老师，很快地，老师就会在几乎所有的事情上面临挑战，比如分配工作、回家作业、教室的秩序、成人的权威，以及对文学、历史和政府政策方面的解释等。11 岁，象征着日后更困难，也更快乐的年华，这是一个需要老师和父母更细腻地转换语言、面部表情、情绪和意图的年龄。例如，妈妈经常会提到她的女儿变得非常挑剔和刻薄：“似乎我没有一件事情是做对的。”青少年时期的情感和关系既混沌又复杂。

（二）能吃的 11 岁儿童

11 岁儿童对食物、身体活动及讲话方面的需求很大，一些女孩子会有青少年时期迅速成长的现象，持续地进行活动，不停地活动，更会生病感冒，她们需要更多的睡眠。

（三）具有攻击性的11岁

11岁儿童情绪不稳定，多愁善感，爱唱反调，经常测试各方面的界线。通常离开家庭的时候表现会比较好，当他烦恼时，会找妈妈撒气。冲动莽撞，心不在焉，喜欢争辩，做决定时有困难，自我陶醉，情绪变化无常，排外，是拉帮结派的高峰时期，喜欢寻求隶属关系。他们发现电话的重要性，喜欢和朋友打电话。这个时期的孩子讲话也比较冲动，尚未思考就开口说话。有时讲话比较刻薄，好辩论，喜欢幽默的语言，喜欢模仿成人的语言。

（四）学会了从不同角度看世界的11岁

他们喜欢新工作与新经验带来的挑战，胜过对旧工作的反省和修正。他们能够抽象思考，演绎推理能力进步，能够建立并修正规则与发展进程，并能够从不同的角度看世界。他们喜欢竞争和挑战，喜欢能改变自身能力的团队运动，胜过仅以团队来进行的运动。个人的动作技巧，如投掷、抓取、踢脚等进步迅速，喜欢比较谁是最好的。

（五）越来越有智慧的11岁

他们热衷于科学研究、解决数学问题、辩论等活动，凸显了演绎推理能力的发展。他们注意自我形象并把自己想象成成人，在阅读历史传记和时事时变得兴奋，对规则的兴趣和挑战让棋盘游戏、益智猜谜、动脑游戏甚至测验对他们而言变得有趣且具有启发性，通过努力获得的成果会给他们带来更多挑战欲望。不过在时间管理方面还需要帮助他们。他们喜欢让自己像成人一样地工作，比如研究传记、晤谈、注释、数学等，同时他们也会对语言、音乐和机械展现出兴趣与能力，对老人和非常年轻的人感到好奇，并想去了解。可以开始进行为期一周的阅读功课，逐渐增加非小说类的阅读，某一学科领域内的科普或传记类图书很受他们欢迎，他们喜欢念书给低年级的儿童听。朗诵对他们的写作能力有很大的帮助，剧情、人物风格、个人对不同主题的兴趣等各方面都有所进展，而且开始从事具有成人特色的写作活动。

（六）面对 11 岁孩子，家长和老师该注意些什么？

11 岁孩子会告诉家长他讨厌学校，但实际上，他在学校里可能表现得相当好，因为他们好胜，非常在乎班级里的排名，会努力争取好成绩，如果他的成绩的确不错，或一直进步的话，他会为自己感到高兴。这个年龄的孩子想要去测试界线与规则，这是他们人生重要的发展里程碑，不是对老师和家长个人的攻击行为。可以通过班级聚会、学生会议和跨年龄的个别指导引导他们的行为。老师和家长对他们的态度、语气以及幽默感非常重要，避免对他们太过严肃而产生排斥情绪。照顾他们的面子是很重要的一件事情。

九、暖心的12岁

12岁的青少年有充足的安全感，他们允许别人不完美，容许妈妈犯错误，宽容她偶尔不够好的脾气，真的是一个暖心的年龄。12岁孩子的独立性已上了一个台阶，他和家庭、父母间的关系若即若离，父母这个时期应该把精力放在自己的身上，不要整天盯着孩子，会让孩子觉得束缚、啰嗦、不胜其扰，感觉很烦。

（一）彷徨孤独的12岁

12岁儿童慢慢走向自己独立的人生，他们经常是迷失且彷徨，害怕又孤独的。在自我管理的教室里，他们会表现出无聊且孤傲的样子，心不在焉却又挑战成人的权威。他们最大的需求是和朋友们在一起，他们主要的发展困难在于对自我的认同——从儿童角色向青少年角色转换的困扰。从12岁开始，他们花在电话和镜子前的时间由几分钟变成几个小时。

12岁儿童借由发型、鞋子、音乐、电视节目、球队、购物、流行舞以及其他大一点孩子会做的事来定义自己。12岁儿童在学校中会对集体活动相当投入，以至于研究计划、环境议题、科学实验、重要的艺术方案以及戏剧作品等都会吸引 12 岁儿童。12 岁儿童是多变的、难以预测的，而且经常是难以解读的。当成人误解他们的时候，他们常说“我才不是这个意思呢”。

（二）12 岁孩子喜欢团体活动

团体活动提供了 12 岁儿童进入青少年阶段所需的仪式，对不喜欢运动的儿童，社团活动，以及电脑、象棋竞赛组织，志愿者组织等，都可以帮助他们建立迈向成人角色和社会角色的桥梁。如果没有这些成长仪式，12 岁儿童可能会掉进不成熟的性关系、暴力、酗酒、吸毒的泥潭中。

（三）仪式与典礼对 12 岁的儿童具有重大的意义

成长仪式作为 12 岁儿童进入青少年阶段的里程碑，对他们而言具有深远的意义，儿童们会很认真地准备这件事，他们了解这件事的意义和目的，学校可以通过毕业典礼、颁发荣誉奖章等方式来提供类似的仪式。12 岁儿童以及青少年初期的孩子需要被成人以及他们的同辈群体看到，并肯定他们正在改变，见证他们逐渐成为成人社会中能担负责任的一员。

（四）12 岁青春期迹象明显

这一时期，青春期迹象出现，大部分女孩有月经。食物对 12 岁孩子的成长很重要，特别是早餐。他们重视体育课和运动。他们精力旺盛、发育迅速，需要大量的休息。

（五）成人个性开始出现

12 岁的儿童比 11 岁时更理性，更有容忍力，具有强大且不受约束的意志力。他们开始自主行动，注意自我，有洞察力，可以设定短期且切合实际的目标，显得有自信。这个时期他们的同伴比老师更重要。

（六）12 岁发展出更好的抽象思维并对公平正义感兴趣

12 岁儿童的抽象思考能力更上一层楼，在特定技巧或领域中可能出现新的能力，能分辨双方的看法，对时事、政治、社会公平正义、流行文化以及物质主义有高度兴趣，随着组织能力的提升，研究和读书的技巧也跟着进步。当课程内容涉及时事、民事责任、历史或与学生切身问题有着清楚密切的关系时，学生会感到兴奋。他们对戏剧有更多的兴趣与深入的了解，更能了解与体会排练与修正的意义。他们要面对越来越多要花长一点时间完成的回家作业，对作业的计划和组织能力都有所进步，能够在学习上帮助同伴。他们需要时间进行同伴会议，和伙伴一起商讨工作计划。他们知道什么时候该严肃，什么时候可以开玩笑。

（七）12 岁出现领导特质

这个时期的孩子，其领导特质大量涌现，家长应提供更多的机会，让他们担任跨年龄一对一个别辅导的小老师，让他们从事在学校的工作和社区服务工作。仔细倾听他们对例行事务所提出的建议，要给出合理的回应，为12岁儿童参与规划提供机会。让他们接触重要的成人，以帮助他们就吸毒、酗酒、性、艾滋病、暴力和家庭问题等议题开展讨论，要花一些时间倾听他们的心声。

（八）面对12岁孩子，家长应该注意些什么？

这个年龄段最重要的就是他们需要自己的空间，给他们独立思考的空间，给他们和朋友相处的时间，他们不仅要完成学业，还要高质量地玩耍，最重要的是培养他们的性格——不急不躁、不虚荣、不势利。

十、13岁：我是青少年了

“今天我是个青少年，我不知道我现在的感觉是什么。”青春期的孩子要面对生理上的突变，在这几年，身体迅速成长和发育，身体开始出现第二性征，正是由于第二性征的出现，男孩才成为男人，女孩才成为女人。女孩子的13岁，代表着她们对身体的变化、性征的发展以及男性学长对她们产生兴趣等事情，不仅会感到兴奋，同时也感到忧虑。13岁以前，大部分的女孩子已经有了月经，而且经历了青少年早期所有的身体变化，而这个年龄的男生才刚开始经历青春期的各种变化。长出体毛、性器官的变化、遗精或其他男性青春期的现象开始出现，但大部分的男生要到14岁或15岁才会经历这些改变。人类相同年龄时，两性在身体和情绪发展上的差异，没有哪个阶段比13岁男生、女生之间的差别更大。他们体力旺盛，开始出现皮肤问题，卫生是个重要的问题。女生平均达到95%的成熟高度。许多男生开始变声，身高快速增长。

（一）迷途羔羊：13岁儿童

13岁的日子可能是无聊的，可能是刺激的，可能是可怕的，可能是迷茫的。对13岁儿童及他们的父母、老师而言，大部分的时间似乎非常迷惑。13岁的孩子经常觉得“无聊”。他们所表现出来的漠不关心，是他们觉得成人没有把他们当成是有能力的年轻人所造成的。抱怨老师无聊时，他们是在清楚地表示，他们觉得在教室中没有被当成一个个体被看到、被肯定或被承认。“不要管我”几乎是最常听到的话，这个时期的儿童喜欢独处，有时又喜欢令人眩晕的刺激，喜欢惊叫和大声咆哮，或和朋友在房间里开着大声的音乐，用球拍打墙壁，彼此扭打或玩枕头大战。

（二）隐私：13岁青少年的底线

13岁儿童的房间是有特殊意义的空间，它代表在家庭中的一个清楚界限，房间里是不可侵犯的空间，包括房间里的物品，尤其是日记之类的物品。他们的房间是一种安全的庇护所，但家长千万不要害怕敲门。大部分的 13 岁儿童非常急切地想要和自己的父母谈一谈，但他们不知道该怎样开始进行这样的谈话；而大部分的 13 岁儿童的父母也急切地想和这些青少年谈谈，却不知道从何谈起。倾听是为人父母者最重要的一件事，也是与 13 岁儿童建立良好关系时，极有价值的一件事。

（三）13 岁终于安静下来了

13 岁儿童经常比 12 岁或 14 岁的儿童安静，在家中喜欢独处，感情方面容易受伤，也容易伤别人的感情。对女生而言，亲密的友谊很重要，男生则喜欢一群人聚在一起，女生对大一点的男生比较感兴趣，男女生都对运动有强烈的兴趣。他们会花许多时间在电话、电脑、电玩或其他的电子娱乐上，音乐成为主要投入的事情。在服装、语言、音乐、户外娱乐以及耍帅方面的需求变大，对学校功课感到焦虑。他们说话时带有越来越多嘲讽性质的幽默。男生仍然喜欢打闹、恶作剧性质的活动，女生则更喜欢收集物品（如化妆品、小饰品等）。

（四）对成年人惜字如金的 13 岁

他们常常用一个字来回答成年人的问题（给成年人最少的回应），面对家长的参与，会不耐烦且粗鲁地反抗，展现他们的叛逆，反映了他们与父母的对立，有时会为自己的理想不顾后果，具有危险性。他们觉得自己长大了，以自己为中心，挑战整个世界，以此吸引异性和扮演成人角色，他们具有更强的情绪，情绪急躁、易冲动，一受到批评就不高兴。

（五）13 岁儿童对公平正义的议题感兴趣

有一些 13 岁的儿童会开始进行抽象推理和形式运算，对困难的工作采取试探性的方式来进行，不想去接受大型的学习任务，喜欢挑战知识及社会方面的权威。对于残酷、公平与正义的议题有兴趣。有服务别人的渴望，对特定科目的兴趣喜好开始分化。害怕写日记会泄露太多秘密，能够享受某些科目的阅读和写作。

他们在合作小组中的表现不会和 12 岁或大一点的青少年一样，容易和人辩论，抱怨关于公平性的问题。他们享受独自一人的活动，或与一个伙伴共同完成一个计划，想要知道为什么他们要学这些内容。他们喜欢批判老师，会散播老师正面或负面的名声。他们思考周全，会严苛地对待彼此。

（六）喜欢上小说的 13 岁儿童

他们会阅读涉及社会议题的小说，对文学要素做广泛的研究（剧情、人物、情绪、情景和主题）。在班上朗读的内容重点聚焦与社会有关的主题（顺从、个人安全、无家可归）。他们专注于获取知识，喜欢查阅百科全书和阅读有文献根据的论述。

（七）13岁孩子的写作

他们可以仔细审读、评价一篇文章，对良好的结构和技巧感到自豪，开始能写短的议论文，并注意到论点的陈述和支持论点的细节，练习写概要可以增强他们做摘要的能力。在写作的主题方面，大部分的主题来自课堂上的阅读主题，故事通常围绕着社会、经济的议题以及公平正义。

（八）面对13岁儿童，家长需要注意些什么？

青春期儿童出现心理闭锁，往往将自己的内心世界封闭起来，不向外袒露，主要是不向成人袒露，这是成人感和独立意识所致。这一时期的儿童认为成人不理解他们，而对成人产生不满和不信任。但是青春期的诸多苦恼有时使他们倍感孤独和寂寞，很希望得到他人的理解。这种抒发心情的愿望促使他们愿意向同龄朋友推心置腹。

十一、14岁：我想独立，我想自由

亲爱的爸妈：

我真的很想和你们谈谈，可是每次想开口的时候，却不知道该怎么表达我的心情。我已经长大了，不是小孩子了，可是你们总是在用你们的方式试图掌握我的人生。我不喜欢你们毫无根据地对我发号施令，你们一直认为我是小孩子，认为我还不懂事，认为自己有权力对我发号施令，想要控制我，我因此而痛苦。你们认为这样做是“爱我”，你们的爱让我窒息，喘不过气来，我真想离家出走，我不想成为你们生活的一部分。

我之所以写这封信，是因为似乎没办法用语言沟通，我曾尝试着和你们谈，你们有时会听，但有时你们……

14岁的孩子正开始想要远离他们生活中重要的人物（父母和老师），挑战成人的权威，现在几乎已成为他们来自内心深处的直觉反应。要注意的是，这个年龄的孩子会越来越强烈地挑战与反对自己的老师，他们经常采取和成人相反的观点或意见，而且常常会为了辩论而辩论。14岁的儿童想要用他们自己的方法来做事，想要自由，想要独当一面，这种典型的青少年行为经常在15岁时达到高峰。

（一）14岁的男生正进入青春期

他们注意到自己身体的变化，也逐渐意识到身边的女性，而这些女生早已进入青春期，14岁的孩子不论男女都把大量的体力、精力和智力放在如何疏远成人这件事上。

发展心理学家吉内特·哈威尔-琼斯指出，青少年让父母或老师难堪的行为，比如翻白眼、吸牙齿、甩头发等，其实是对大人的疏离，也就是青少年的“疏远之舞”，这种轻蔑的举动是与大人保持安全距离的社会技能，这种技能可以帮助建立自己的心理空间。

（二）14 岁的“忠诚度”

埃里克森认为 14 岁的青少年有一种对自我概念的“忠诚度”，他所说的忠诚是指对自我概念、对别人的某种观念或流行时尚的“有纪律的奉献”。14 岁的儿童可以把这种强烈的“奉献感”投入运动或毒品中，投入乐器或对身体的残害中，投入良好有益的团体或不良的帮派中，投入偶像或无所事事上。14 岁的他们迫切希望表明自己是谁，而不是他人期望他成为谁。他们会突然改变选择来表现自己，例如音乐、服装、朋友、发型、兴趣、食物偏好、体育项目、关注领域等方面。

他们围绕忠诚问题的尝试与练习，为的是能像成人一样，能够成为一个有责任心、有纪律、有爱心且关心别人的有用伙伴，同时也能够成为一个成熟的社会公民。要成功地发展出忠诚的品德，不能只靠青少年个人，还必须靠家庭、传统文化和整个社会所提供的引导、习俗文化规范和成长仪式。

（三）14 岁青少年对家庭作业感到压力

他们抱怨回家作业的量太多，但经常在私底下很享受去完成老师的要求所带来的挑战与成就感，当发现工作充满挑战时，经常会说工作太简单了。当他们抱怨工作无聊时，实际的意思是："我对这件事不是很懂。"在一些学校环境中，他们会表现出顺从的一面。

许多 14 岁的孩子会告诉别人，他们真希望没有回家作业，因为他们回家后的生活很忙碌，有工作要做，要照顾弟弟妹妹或外面有一些球赛、活动，回到家已经很晚了。回家作业似乎是很累人的一件事情，他们讨厌它，不知道它的意义何在，除非成绩退步，或不做回家作业会让他们无法参与课后活动，这时他们才会在乎。

（四）别让毒品和酒精伤害了 14 岁儿童

为什么 14 岁成为孩子频繁出现问题的年龄？难道这只是一个偶然现象吗？英国科学家曾经的一项研究证实，青少年最容易出现打架、叛逆、学坏的年龄是 14 岁，他们热衷于能够让他们感到刺激的危险行为，他们追逐那些给自己带来快乐和刺激的行为，而不论安全与否。酒精和毒品有可能成为伤害他们身体的重要因素。女孩接近发育成熟，男孩持续长高。越来越多的青少年在性方面表现活跃。男生上半身的力量开始发展，对体能活动有高度需求。他们喜欢尽可能从事社交活动。成人的人格明显增多，被同学看到他们和父母在一起通常会觉得不好意思。对父母的衣着、习惯、朋友和观念会有所挑剔。他们对父母说话的声音很大。他们特别不喜欢或反感成年人的教诲，觉得成年人只要讲几句，他们就知道后面要说什么了；处在什么都知道的阶段，可能会觉得在家里很痛苦，但在学校中像个明星。

（五）14 岁青少年在小组合作中表现出色

他们在小组讨论（8—10 人）或合作学习小组（低于 8 人）中表现得很好。他们喜欢长一点的工作计划，而且做得不错。他们喜欢研究，对研究报告感兴趣。很多人越来越对数学和科学有兴趣，他们经常以正式或非正式的方式来讨论手工艺技巧、音乐技巧、艺术技巧以及其他可以代表成人心智的特殊智慧。

（六）面对 14 岁青少年，家长应该注意些什么？

在孩子的成长过程中，身体发育是最显著的，也是成年人首要关注的，尤其在发育高峰的青春期，身高和体重迅速增长，无论是家长还是孩子，对身体的变化极其关注。身体的变化会在很大程度上影响孩子的自信和以后的发展道路。同时，在异性关系上，青春期少年的性意识开始萌动，该如何处理与异性的正常关系，家长应该给予合理的指导。14 岁少年显然不喜欢家长过多干涉他们的日常作息。家长此时不必强逼孩子按照自己的要求去做，只需要给出恰当的指导。影响14岁孩子情绪的原因有很多，自身成长过程中产生的情绪、家庭的影响、社会环境的干扰，甚至食物也会让孩子产生情绪上的波动。建立温馨、和谐的家庭氛围对孩子有着深远的影响。

十二、本章结语

儿童是如何发展的？相信你和我们一样，会为儿童时期伟大的奇迹与奥秘而着迷。我们对“儿童自己本身有着清楚且诚实的远景”这点有一种深远且不变的“尊敬”。我们相信，通过我们的教学和养育去保护并滋养孩子们的“远景”是我们的责任，希望儿童发展指标能对广大家长、教师、家庭教育指导工作者有所帮助。

第三节 认识教室里的特殊儿童

前面我们介绍的是基于大脑正常发育的儿童身心发展及其学习行为，也有异于常态的可能性存在。我们有必要对教室里的一些特殊儿童有所了解。

一、自闭症儿童

自闭症是中枢神经系统受损引起的广泛性发展障碍，常伴有癫痫、过动、退缩、情绪障碍等症状。在日常生活中主要的障碍为缺乏社交互动、语言沟通能力失常，以及固执行为或知觉异常。自闭症的出现率约在万分之五，男生约为女生的4倍。一般认为自闭症是一种终生障碍，80%的患者有智能低下的现象，幼儿阶段症状就很明显，到青少年时，部分患者的障碍会有些许减轻，但大部分患者的偏差行为及沟通障碍还会继续出现。

自闭症有以下症状特征。

（一）语言沟通障碍

语言发展迟缓是自闭症儿童的典型特点，他们因为不理解问题的意思而常常出现答非所问的情况。自闭症儿童中有一半缺少语言沟通能力。他们在学习语言的过程中常出现鹦鹉学舌的情况，重复提问者的问题。他们大部分时候处于充耳不闻的状态。这是因为，他们对进入听觉系统的语言的解码能力不足，不理解问题的含义，因此不知道该怎样回答。在问答时他们常常"你""我""他"分不清楚。

他们的机械记忆能力较强，喜欢背诵听过的广告词、对话、歌曲等。即使随着年龄增长语言能力有些进步，其对话也表现为机械地将所背的内容说出来。自闭症儿童的理解、抽象、推理能力存在明显缺陷。在学习数学的过程中常遭遇挫折。

（二）人际互动障碍

因为语言障碍，自闭症儿童无法和同伴进行有意义的交流，无法与他人建立关系。他们难以识别人脸，因此他们常常眼睛不看人，不与人对视，别人和他说话时，他的眼睛会看向别处。别人和他讲话好像没听见似的，他们有时会回答提问者的问题，有时不回答就跑掉了。因为自闭症儿童和其他孩子不能形成共同注意力，所以，当别的孩子在一起玩的时候，自闭症儿童会躲在角落里自己玩，不能和其他同学产生互动。所以，老师和家长常常感受到的是，自闭症儿童没有朋友，没有互动，生活在自己的世界里。

（三）玩耍与活动的特征

自闭症儿童会出现重复性行为，玩游戏时可能会有一套自己的、固定的、特殊的玩法，无法玩有规则的游戏。有些自闭症儿童对旋转的东西感兴趣，比如轮子，他们喜欢玩轮子、看旋转的电风扇。也有的自闭症儿童对电梯感兴趣，喜欢看电梯上上下下。还有的自闭症儿童小的时候喜欢开灯关灯，喜欢凝视霓虹灯、旋转物或物体表面的反光，也会斜眼看物。

（四）固定化、仪式化的现象

有些自闭症儿童固执于路线，比如他一定要走某条路回家，回到家门口，他一定要看一下电梯，然后再进屋，这是一连串的固定化和仪式化的现象。

（五）自我刺激行为

有些自闭症儿童会重复舔、咬、撕、丢、闻东西或是触摸某些物品的行为。他们会在课堂上发出声音（或笑声），或课间在地上打滚引起老师和同学的关注。这些现象都属于自我刺激行为。当老师和同学因为这些行为给予他们关注的时候，他们会更加兴奋，并不断采用这些方式获得更多的关注。所以，老师和家长理解了自闭症儿童的这些行为之后，要适当地无视孩子的这些行为，不予关注，这样他们的这种自我刺激行为就会大幅减少。

二、注意力缺失过动儿童（ADHD）

注意力不足/多动症（ADHD）俗称过动儿，是一种外表完全看不出来的隐性障碍。他们多半呈现以下特点。

（一）多动

活动量大、坐立不安，敲指头、晃脚，而且不分场合和地点。在班上可能表现为烦躁不安、爱插嘴，不断地站起来在教室内走动，静不下来，有时甚至无缘无故捉弄邻座同学，乱拿别人东西，等等。

（二）分心和注意力不足

ADHD儿童在注意力的“深度”“广度”“持久度”方面，均无法达到一般人的标准，导致上课不专心，课业严重落后。他们经常被误解：他们外表聪明伶俐，成绩却总是不好，就是因为不用功、不努力。ADHD儿童对外界的刺激保持开放，因此常常容易被刺激物分心，精神无法集中。ADHD患者一般会在四个方面表现出注意力不足，可能是其中的某一种或数种同时并存。通常是学龄期影响学习，家长才会注意到孩子有注意力的问题，此问题会持续到成年。

注意力不足主要体现在以下四个方面。

(1) 选择性注意力：能够将注意力凝聚于某一个重要目标，而忽略其他周遭不相干的信息的能力。

(2) 分离性注意力：能够同时接收多个指令或者同时做好几件事情，而不会搞混或忘记。

(3) 转移性注意力：专注力可以迅速从一件事切换到另一件事，果断地处理完眼前的事物，再随时切换回去，不会迟疑不决或慌张混乱。

(4) 持续性注意力：可以让专注力保持一段较长的时间，不会一下子就晃神或散漫。

（三）寻求他人注意的行为

在班级里，常会发出声音、不停地活动、扮小丑或捉弄人，企图引起老师注意，希望自己是被关心的焦点。

（四）冲动

想做什么就做什么，从不三思而后行，只要人、事、物不合心意，马上就会出现捣乱的行为。情绪起伏大，容易玩疯了或激动起来。

三、学习障碍儿童

学习障碍，指在听、说、读、写、算等能力的习得与运用上有显著困难者。学习障碍可能伴随其他障碍，如感觉障碍、智能不足、情绪困扰；或由环境因素引起，如文化刺激不足、教学不当所产生的障碍，但不是由前述状况所直接引起的结果。学习障碍通常包括发展性的学习障碍与学业性的学习障碍，前者如注意力缺陷、知觉缺陷、视动协调能力缺陷和记忆力缺陷；后者如阅读能力障碍、书写能力障碍和数学障碍。

学习障碍有以下特征。

（一）视知觉能力问题

无法很快地确认字或形成视觉形象协助确认事物，需要花较长时间才能确认视觉刺激。有些孩子较喜欢用听的学习方式，而不喜欢从事视觉性的学习活动或游戏。在画画时，有的孩子用色大胆、富有创意，但常选择怪异的颜色组合，不用日常生活中惯用的颜色。家长与老师如果发现孩子没有视力的问题，但是经常揉眼睛或斜视，明显歪着头，常常抱怨头痛或晕眩，或是阅读时，书太靠近眼睛或远离眼睛，容易混淆字或符号(如“上”“下”不分)，以及阅读或抄写黑板有困难，写字很难成一直线，那就要提高警觉了。

（二）听知觉能力问题

对声音的分析或再认声音能力比较差，听觉记忆也不好。有些孩子喜欢独自思考，不注意他人说话，并且不热衷参与班级讨论；有时对于家长和教师提出的问题答非所问，或是要求重复说明。除了听力上的问题以外，家长与教师在日常生活中，如看电视、听音乐等时，若发现孩子喜欢将音量加大，谈话时声音太大或太小声，有时固定将头的某一边转向声源，或是听声音时将手扣在耳朵后面，以及说话构音困难，就需要提高警觉。

（三）注意力问题

注意力不足和注意力过度，都会影响学习。

1. 注意力不足

有些孩子较为活泼，无法集中注意力，读书时容易被噪音干扰。与上课无关的外界刺激若是太多，有时会不专心听老师说话。做作业速度很慢,有时难以独立完成作业,需要较长的时间完成,有时可能需要家长在旁协助。由于学习上的困难,有些孩子可能会过度警觉,情绪受到影响容易发怒。

2. 注意力过度

有些孩子比较喜欢看书本上的数字,例如页码,却忽略了阅读课文,不能注意重要的部分,反而过分注重小细节。

（四）记忆力问题

在记忆力和记忆策略使用上较差,是一种影响学业的学习困难特征。

有些孩子并非故意不带作业,把作业放错地方,忘记携带东西上学或回家,而是这些孩子在视觉、听觉方面存在记忆困难。孩子无法记忆学过的东西,常常今天学,明天忘。甚至难以复诵听到的数字、字词、对话,或者难以确认或表达字词、图形、符号。

（五）空间或时间定向能力不足

这样的孩子缺乏时间概念,有时会不小心迟到,原因是对于时间的意义缺乏了解;空间定向的能力也不好,可能会经常在熟悉的环境中迷路;进行大小、远近、轻重关系判断时会出现较大的偏差,难以区分方向或左右。

（六）学业表现困难

这些孩子可能出现书写方面的问题，例如写字速度较慢、书写时只用有限词汇和很短的句子、标点符号混用、字写颠倒等。而数学方面的问题则可能有数学符号辨识、运算、公式的记忆和运用以及解决问题方面的困难。至于阅读方面的问题可能有认字、阅读速度、字音记忆、默读、了解文义等方面的困难。

（七）动作活动问题

这些孩子常表现为多动，即较难保持安静，可能会随意走动、坐在座位上，不停敲打文具、分心或缺乏耐心等；活动量不足，也就是说有时会出现倦怠、不喜欢动、动作较慢、协调能力（跑、跳）不好、易跌倒、手部动作发展不好的情况；动作协调不良，身体动作缓慢、动作统整能力较差、精细动作发展有问题，可能有不会跑跳、不会系鞋带、写字困难等情形出现；固着行为，自动而非自主的持续性行为，例如在口语阅读时，会重复念同一个字或句子好几次。

（八）社会适应与情绪问题

性格内向，可能有畏缩和害羞的情况，所以较难与同伴建立或维持友谊，喜欢维持旧有的习惯而不喜欢变动，面对新环境时常感到不安或情绪激动。

四、抽动症儿童

抽动症在150年前就已经被发现了，但是一直被当成罕见的疾病，它现在的流行率是每一万人中就有4.28人会罹患此疾病。抽动症发生于所有种族及所有社会经济阶层中，男女比例是3∶1—4∶1。

根据症状分类，抽动症可分为动作型与声语型，又各自可分为简单型与复杂型，具体如下。

（一）动作型的抽动症

1. 简单动作型

表现为突然、短暂、无意义的动作，如眨眼、眼睛动作等。

2. 复杂动作型

表现为一些脸部的表情、往后拨他的头发、持续地看着某个东西、碰触东西或别人、跺脚，合并摇头晃脑和耸动身体，以上症状可能会同时出现，可能会自然流露出强迫性仪式的行为。

（二）声语型的抽动症

1. 简单声语型

发出快速且没有意义的声音与杂音，如清喉咙、咳嗽、吸吮声，像是动物声音及说不清的其他声音。

2. 复杂声语型

发出突然但较有意义的言辞，相当多样化，包括音节、字眼、惯用语等，或表现为随时突然改变说话的速度、节奏，如回音现象，重复别人的话。

另有少数学者认为有些抽动症患者在抽动发生之前有前躯体症状，就像是感觉眼皮酸所以眨眼睛，感觉脖子酸所以摇头、耸肩，通常我们视为抽动的发生前冲动，也有患者在心里说粗话或是重复说一样的话，这被称为第三类感觉及心理型抽动症。

第二章

符合身心发展规律的家庭教养方式

在第一章中，我们了解了儿童的身心发展，是有其生理基础和与环境互动的规律可循的。家庭是儿童身心发展的首要也是最主要的大脑外部环境。作为家长，我们既不能揠苗助长，也不能无所事事。我们需要实施符合儿童身心发展规律的家庭教养。

第一节 0—3岁孩子的家庭早期养育实践指导

生命最初的3年是人大脑迅速生长变化的时期。3岁时，大脑体积相当于成人的80%，孩子的大脑神经连接突触基本上是在3岁的时候就已经长好了。正如意大利教育家蒙特梭利说："人出生后头3年的发展，在其程度和重要性上，超过人整个一生中的任何阶段。"教育家马卡连珂也指出："教育的基础主要是在3岁前奠定的，它占整个教育过程的80%。”教育家的名言都在告诉我们0—3岁早期教育的重要性，可以说0—3岁婴幼儿的早期教育是开启人生智慧的金钥匙。家庭是孩子最早的母育学校，父母是孩子最初的老师，孩子成长的关键期其实是在家的那段时期。如果0—3岁婴幼儿的父母在抚育和教育孩子的过程中认识到早期教育的重要性和必要性，并落实科学养育孩子的行为，将会对孩子一生的发展产生重大的影响。虽然0—3岁教育是人一生教育的启蒙阶段，但是很多家长却未必把握了这个开启婴幼儿智慧大门的机会。

一、早期养育存在太多的“不”

案例2-1

“淡定”的小宝

新学期开学，小班来了一个孩子叫小宝，胖胖的他，虽然有些不怎么高兴，但是不哭不闹，在一群因分离焦虑而哭闹的孩子中显得格外安静和乖顺。开学几天里每天外婆送孩子都要叮嘱老师：“老师，我们小宝上厕所要提醒他，给他裤子整理一下，不然要尿到裤子上的；吃饭要喂饭，不喂不吃的，还有午睡时老师帮忙穿脱一下衣服哦。”很多来送孩子上幼儿园的祖辈都很羡慕小宝的淡定："小宝外婆，你家小宝真乖呀！"外婆说："是的呀，我们小宝从小都是我带的，他妈妈只管生他，又没奶，生下来就和我睡了。从小家里有个围栏围住他，就在围栏里玩，很好带的。慢慢长大了，在家里根本不用我操心的，自己玩积木、看电视、玩平板电脑上的智力游戏，我做我的家务，晚上我还要跳广场舞，他都是一个人玩得好好的。"在一片赞叹声中，祖辈们渐渐离去。

过了一段时间，妈妈送小宝来幼儿园，老师跟小宝妈妈沟通，说小宝在幼儿园不太爱说话，总是闷闷的，学本领时从来不举手发言。在户外运动中，很多运动器械不太敢玩，总是小心翼翼深怕自己会跌倒的样子。妈妈说，自己陪伴孩子的时间不多，虽然是全职母亲，但基本上以自己的生活为主，经常会外出旅行，爸爸工作忙，孩子全部由祖辈带，2 岁的时候送孩子去托儿所培训过，所以孩子不怕生。

（一）养育孩子的过程中产生了很多的"不自然"

在社会发展的进程中，很多理念都被刷新，以至于在我们的生活中，只要大家都在做一样的事情，那似乎就"没错"。正是这些"没错"导致了我们在养育孩子的过程中产生了很多的“不自然”。比如，剖腹产代替了自然分娩。很多的新妈妈认为自己生孩子很可怕，并未考虑到剖腹产可能给孩子带来的感统失调、过度惊吓、抗感染能力下降等问题。比如奶粉替代了母乳喂养，很多妈妈因为生下孩子后母乳少，就不再尝试喂母乳；有些家长嫌奶粉和母乳混合喂养麻烦，于是干脆放弃母乳喂养；有些妈妈由于乳头内陷，孩子吸奶造成伤口疼痛，于是就把奶挤出来给孩子喝，这些做法原则上都不是母乳喂养。

又如机构早教替代了家庭抚育。孩子逐渐长大至八九个月，很多父母愿意花钱把孩子送去上早教，殊不知家长就是孩子最好的老师和玩伴。再如电子产品替代了室外自然物品。孩子再大一点经常看到大人看电视、玩手机和平板电脑，也就对电子产品产生兴趣，经常听到小区里的奶奶们聊天中会讲自己的孙子聪明得很，手机、电视、电脑什么都会开，只要看一眼就学会怎么玩了，一看这些就安静了，自己也能做些家务活。还有，如室内圈养替代了室外自然活动。更有很多的宅爸和宅妈平时工作忙，双休日闲下来就想在家休息，很少带孩子外出接触自然、接触社会。这些“不自然”的养育方式，导致大城市中很多孩子感统失调。案例中小宝看起来很乖，实际在感觉统合方面比其他孩子要弱一些。

（二）养育孩子的过程中产生了很多的“不自由”

案例2-2

木木的末末

中班一个男孩子，虎头虎脑非常可爱，看上去非常内敛，不怎么爱表达的样子。听外婆说话，是本地口音。外婆说，末末有过敏史，小班的时候生病多、去幼儿园少，但是孩子非常聪明什么都懂。然后外婆又告诉老师对这个孩子要多加关注，特别是运动中不能太累，孩子有哮喘，穿脱衣服更是要注意，不能着凉，等等。老师一一记下外婆的话，笑着回应外婆一定会对末末呵护有加。末末入园后，老师发现末末在自己吃饭、穿脱衣服等生活自理能力上和同龄孩子有差距。几次跟外婆沟通，外婆总说孩子是会做的，就是懒得做，甚至有点气恼地说明孩子脑子是聪明的，这些事情长大了就会做了。

一个月过去了，老师发现末末主要的问题不是跟不上班级孩子的节奏，生活自理能力弱这么简单，他总是默默地跟在同伴的后面，不发声音，也很少有高兴愉悦的时候。末末的胆小、懦弱、不善沟通、孤僻内向，使他没有朋友、没有玩伴，找不到在班级的归属感，参加什么活动都没有很大的兴趣，能不去幼儿园是他最开心的事情。

这样的孩子是体弱多病去幼儿园少的结果吗？还是家庭养育中过多的包办代替导致的不自主、不自信？

现在的家庭是一个孩子六个大人，孩子成为了家庭的核心。在0—3岁的养育过程中，很多祖父母爱孩子恨不得含在嘴里、捧在手心里，家长往往由于爱孩子，以至于给孩子太多的“不自由”。有的父母经常会告诫孩子“这不能碰，那不能摸”“这有细菌，那有危险”。笔者曾经碰到一个家庭，祖孙三代人在海边玩，7月的天气已经开始炎热，爸爸和妈妈鼓励2岁半的孩子光脚走在沙滩上，孩子死活不肯，嘴里念叨：“脏脏，脏脏。”妈妈是个幼儿园老师，知道玩沙对触觉发展好，后来没有办法，在劝说之下孩子穿着长筒袜在沙滩上勉强走了一会儿。原来孩子是奶奶带的，奶奶是个有洁癖的人，经常告诉孩子地上脏，这个孩子从小不会爬行，到12个月大时直接走路的。还有一些父母包办太多，放手太少。1岁半的孩子处于该自己学着拿勺子吃饭的阶段，父母硬是不给孩子动手的机会，很多奶奶会说：“吃得一塌糊涂不说，关键是吃不好，还不如我喂，吃得又多。”

正如前面案例中的末末一样，很多3岁来幼儿园的孩子不会自己穿脱衣服，不会大小便。很多孩子只会求助："鼻涕流出来了，擦。"指着碗里的肉说："老师，宝宝吃肉肉。"

父母在养育孩子的过程中限制太多，空间太小，对孩子发展没有好处。曾见过这样一个场景：孩子被围在围栏里，围栏里到处是玩具，孩子的活动空间局限在围栏中，加上家里房子不是豪宅，空间也不会大到哪里去。因为怕宝宝站起来摔跤，宝宝背上还背了个像天线宝宝那样的软垫，说是保护头部的。那位家长说："我们单位同事家里有小孩的都用围栏，孩子没出生我就买好了。"殊不知狭窄的活动空间，会使孩子失去很多学习的机会。

早在 1972 年，美国的爱尔斯博士提出感觉统合失调学说，他提出导致感统失调的原因主要有以下几点。

(1) 胎位不正所产生的固有平衡失常。

(2) 早产或剖腹产，造成触觉学习不足。

(3) 活动空间太小，爬行不足产生前庭平衡失常。

(4) 过早用学步车，造成前庭平衡和头部支撑力不足。

(5) 父母忙碌、陪伴少，导致右脑感觉刺激不足。

(6) 祖父母或保姆包办太多，造成身体操作能力不足。

(7) 有洁癖的母亲或者保姆造成孩子触觉刺激缺乏和活动不足。

(8) 过度保护、骄纵或者要求太多，导致抗挫折能力不足。

综上所述，孩子们的成长环境看着舒适，实则匮乏，生活上被代劳，行为上被保护和限制。这样的孩子长大了会在学习上遇到注意力不集中、专注力不够、马虎等学习障碍。

（三）养育孩子的过程中产生了很多的“不及时”

由于不科学的养育方式，不仅仅是婴幼儿运动能力的发展严重受阻，还有语言、认知、情感等方面的发展也由于家长不恰当的养育方式而存在滞后的现象。

在孩子没有出生前，很多家长对孩子的希望是：健康、快乐、幸福。父母都想把全世界最美好的东西给予孩子。一旦孩子出生后，受很多传统思想的影响，在养育上走入了误区。如“哭了不能马上抱”理论：孩子哭了不能马上抱，让他哭一会儿，否则以后一哭就抱，带起来费劲；“孩子多抱会宠坏的，让孩子哭，哭是哭不坏的，还能增加肺活量。”诸如此类，真让人哭笑不得。

孩子生下来面对环境，他唯一的表达方式就是哭或者笑，他需要的是一个安全的环境，离开养育者的温暖怀抱只会让他产生不安全感，引发他对环境的不信任感，长大以后会出现缺乏自信等一系列问题。

还有很多家长觉得孩子小，就和小动物差不多，也听不懂别人讲话。他们在养育过程中不言不语，不主动和婴儿说话；加上很多父母自己本身就是“闷葫芦”，孩子语言发展就很不好。笔者就遇到过这样一个孩子，父母是媒体工作者，经常在家里上班，在电脑上完成工作。孩子一般都是独自在一边玩，父母的陪伴就是看护孩子的安全。父母说没有意识到从小就要跟孩子互动对话；等意识到了，孩子已经变得不爱说话了。爸爸妈妈不爱说话，孩子自然也不爱说话。

二、早期养育中激活孩子大脑的方法

可以说，0—3 岁孩子每一天的成长都是独一无二的。父母要做的，其实就是多陪伴孩子。这胜过任何知识，孩子可以在父母这里学到最宝贵的东西，他知道自己有人爱有人疼，知道自己是父母的真爱宝贝，知道有人会帮助他成长，还知道这个世界的一切都是那么美好。同时，孩子在父母的陪伴中参与各方面的学习，获得体能、探索、感官、表达、自理、规则等各方面的发展。

案例 2-3

教不会的女儿

一个一年级的父亲来咨询求助，他因辅导女儿做作业过程中教了很多遍孩子还是不懂或者学不会而怒火中烧，自己火气很大，知道自己发火不是件好事情，但不知道怎样解决。爸爸说最后的办法都用过了，一转身，撒手不管，离开现场，自己去平息怒火。但第二天接着辅导时，面对孩子的不开窍依然怒火中烧；在父亲的辅导下，女儿对做作业这件事情相当反感。爸爸说自己大专学历，读书一般，智力水平也一般。当问到爸爸："孩子的学习能力怎样培养的？早期养育中重视过孩子学习能力的培养吗？"爸爸回忆，孩子都是奶奶带的，0—3岁那时只管吃饱穿暖，自己在孩子早年没有想过培养孩子学习能力这件事，3—6岁也没有给孩子讲过故事，家里图画书很多，但孩子不爱看，到现在还不爱看。

我们向这位爸爸指出，0—6岁早期养育对于孩子的学习能力是非常重要的，一出生就要创设一个丰富的语言环境刺激孩子的听觉、视觉等，并让这位爸爸反思自己是否做到这一点。学习能力强的孩子语言发展好，语言发展好的孩子理解能力强，理解能力强的孩子可能在家长的辅导中一听就能明白。"你孩子语言能力怎么样，能说会道吗？"回答不是，小时候不爱讲话，幼儿园老师反映孩子在幼儿园基本默不作声。由于身体从小就弱，一运动出汗就生病，因此也不怎么运动。"孩子的学习能力一部分是遗传父母的,你给孩子这些天分了吗?由于早年没有高质量的陪伴,遗传智力方面也一般,那我们作为家长,这点要向孩子表示歉意,怎么能发火呢?”家长笑了,最后我们告诉家长,在自己的怒火中烧掉的是孩子对于学习的兴趣和欲望,对于孩子的求学之路是不利的,家长不能做这样的事情,只有耐心陪伴,适时鼓励,才能让孩子顺顺利利完成学业,说不定孩子会有超越呢。作为家长要了解孩子发展的规律,找到原因,也就停止发怒了,从现在开始重视孩子学习能力的培养,做一个有觉悟的爸爸。

巴甫洛夫先生通过长期追踪研究、反复实践得出结论:“婴儿降生的第 3 天开始教育,就迟了 2 天。”那么,早期教育如何实施,有哪些方法呢?

(一)充分对话,促进理解表达

案例 2-4

不爱说话的天天

亲戚家添了一位新成员天天。天天父母在外企上班,工作繁忙、压力大,无暇自己带孩子,外婆退休正好照看孩子的起居生活,孩子也跟着外婆睡。天天妈妈和爸爸回到家都是自己玩着手机，不太会主动跟孩子讲话，本身也都是性格内向的青年人。

后来天天会讲话了，有一天我们见到天天外婆，外婆说："没有人教孩子讲什么故事呀、儿歌呀，他们倒是买了一个平板电脑，我看里面有的儿歌挺好的，我就教了天天几首，来天天念一念。"天天刚学会儿歌的一段时间会用外婆教的很不标准的普通话念一些儿歌给大家听，后来慢慢地自己会看电脑了，里面很多智力游戏可以自己玩，她也就不太爱跟大人互动了，即便带她到外面也不太爱和年龄相仿的孩子交往。外婆又要带孩子又要做家务，给孩子提供了很多的积木，还有移动类的运动器械如小自行车、滑板等，天天会默默地一个人玩很久，也不会发出什么声音，外婆有空了也会陪着一起搭积木、一起玩。

现在天天已经是个小学生了，动手能力、运动能力、生活自理能力都挺好，就是养成了不太爱说话的习惯。听外婆说，天天和家里人一起吃饭时，谁说话她就很烦，让家里人不要讲话。当偶尔有大家庭聚会，外婆提醒她跟人打招呼时，这个孩子还会藏在大人身后，即便亲戚们一起聚餐，这个孩子还是安静得不像个孩子，使大人们有时候会忘记有个孩子在场。

虽然很多时候孩子的亲人就坐在孩子对面，但是都在低头看手机。一个家庭不恰当的养育可以活生生地把一个能够表达和表现的孩子养成一个“小哑巴”。

科学研究证实，婴幼儿的语言发展一般要经过3个阶段：从出生到1岁，是语言前期；从1岁到1岁半，是理解语言阶段；从1岁半到3岁末，是表达语言阶段。其中，1岁半左右是婴幼儿学习语言的最佳时期。2—3岁是儿童口头语言发展的关键期。很多父母在养育孩子的过程中认为孩子还不会讲话，就不需要跟他语言互动，这是大错特错的想法。孩子语言的发展依靠听力。研究表明2—3个月的宝宝已经能够区分语言和非语言了。因此，我们主张养育中的父母都要是个“婆婆嘴”，孩子一出生就要利用一切机会和孩子语言互动，比如换尿布时告诉宝宝：“妈妈要帮你换尿布，你的小脚不要蹬我哦，换好啦，干净啦，舒服吗？来抱一抱，闻一闻，身上都是香香的。”父母要用不同的语气、语调、语速，以提高孩子的听力水平。

0—1岁这一阶段被称为“前语言”阶段，大致可分为语言的感知阶段（0—2个月），语言的发音阶段（3—8个月），准备学说话的阶段(9—12个月)。当我们提示妈妈们带孩子要嘴上勤快多讲话时,好多妈妈觉得,一直讲,讲不出什么话呀!其实父母讲了什么不重要,重要的是让孩子感知语言,让宝宝多听,听多了,就会听懂了,慢慢地孩子就开口说话了。孩子对于听到的语言会进行记忆、思考、分析、整合,运用听来认识世界。因此,好的陪伴就是在孩子一出生就加强语言互动,看到花讲:“花儿红红的,真好看。”看到人讲:“这是快递员叔叔来送快递了。”见什么讲什么,保证和孩子有充足的语言交流时间,并养成经常性语言互动的习惯。

同时为拓展孩子的听力和听的内容,我们还主张运用念儿歌、讲故事、读图画书等方法,让语言发展与阅读做好连接,为孩子的学习打下良好的基础。如哄孩子睡觉时可以念儿歌:“大公鸡,真神气。戴金冠,穿花衣。大公鸡,喔喔啼,小宝宝,早早起。”“太阳眯眯笑,宝宝起得早。一二一二做早操,做早操。先学小鸟飞,再学小兔跳,学着马儿跑一跑,天天锻炼身体好,身体好。”“小蚂蚁快快爬,天空开始下雨啦。滴滴答,滴滴答,路上溅起小水花。蜗牛躲在房子里,小兔躲在蘑菇下,小蚂蚁快快爬,找个地方避雨吧!”

我们还可以在每天固定的时间段念图画书给孩子听。

为此我们开展了实践，即给出生一周后的婴儿念黑白卡片。一个多月后把黑白卡片换成彩色卡片，在婴儿眼前边移动边讲，让婴儿的眼睛追视卡片。同时，开始每天给这个孩子讲故事《红红的大苹果》，4 个多月时孩子躺在妈妈的大腿上，看并听着妈妈一页一页边翻边讲《红红的大苹果》，听到妈妈讲小熊摘苹果时用粗粗的声音说“我要吃啦”时，他会把视线从书上转过来，对着妈妈开心地笑出声，宝宝可以连续听故事 3—4 遍，连续 10—15 分钟一直保持专注倾听的样子。图画书让亲子之间的互动有了更多的媒介，还没有开口说话的孩子会在父母讲故事的过程中对画面指指点点发出“喔喔”的声音。再大一些的孩子，他会挑自己喜欢的图画书要求父母讲故事。

芝加哥大学妇科及儿科教授，芝加哥大学医学院“3 000 万词汇倡议”机构的创始人达娜·萨斯金德(Dana Suskind)博士和她的团队发现，在孩子 3 岁前，父母对他们说的话直接影响其大脑发育。孩子在与成人的语言互动中是个接收器，输入的东西必定会输出。作为父母在早期养育中千万不能疏忽 0—3 岁孩子学语言期间的这段“黄金期”，不要放任不管或者把孩子交给手机和电脑，错过了孩子语言发展的关键期就没有时光机可以回去。

（二）丰富感知，开发无限潜能

案例2-5

小区附近的商业广场新开了一个早教机构，很多人都在围观。有个推着婴儿车的奶奶说："我们不去早教，花这些钱干啥？马上要上幼儿园了，到了幼儿园老师自然都会教。"另一位妈妈说："早教好呀，我们要上的，在家里多没劲呀！可以认识很多小伙伴和大人。"另一个爸爸说："孩子在家吵死了，报名让宝宝去，让我轻松一会儿。"

案例2-6

小区边上新开辟的绿地公园迎来了很多的社区居民出来散步、锻炼，也迎来了很多的奶奶推着小推车聚在一起讲话，闲聊够了有个奶奶提议："我们推着孩子再去绕一圈吧，然后差不多回家烧饭了。"这个奶奶的提议得到了大家的赞同，于是推车里那些已经可以开始学走路的孩子齐刷刷地被推着，前进在幽静的小道上，一个个都是无精打采的样子。奶奶们边走边有一搭没一搭地聊着。

高尔基说："爱孩子，这是连母鸡都会做的事情，但不是每个爱孩子的家长都懂得教育孩子。”《上海市0—3岁婴幼儿教养方案》中明确提出：托幼机构在组织实施教养活动时，应“尽可能多地把活动安排在户外（环境条件适宜的地方）进行”，家庭教养活动也应“充分利用阳光、空气、水等自然因素”，“选择空气新鲜的绿化场所，开展适合孩子身心特点的户外游戏和体格锻炼”。其实，利用好生活中的环境和材料，学习好的育儿方法，家长就是0—3岁婴幼儿最好的伙伴和老师，大自然和大社会则是0—3岁婴幼儿最好的游乐场。我们不反对去追“早教”风让孩子在陌生的环境中得到锻炼，但更多地倡导日常生活中多多用心陪伴孩子，身体力行地去引导孩子，让孩子从小就能在爱的氛围中健康快乐成长，那才是最好的“早教”。因此，父母们只要有时间，一定要开展“黄金时刻”的陪伴，让陪伴真正充满温暖与温馨，同时也促进孩子的潜能发展。比如，现在的居住小区四季分明，是孩子回归自然的绝佳场所，四五个月的孩子可以沐浴在清新的空气中，听着鸟鸣等各种声音。孩子蹒跚学步时爸爸妈妈们带着宝宝去绿地公园的草地上学走路，平坦坚硬的水泥路，高高低低的石子路，上上下下的小台阶都是孩子不同的挑战，战胜这些挑战的过程可以让孩子获得满足感。也可以与宝宝一起躺在草地上享受着阳光带来的一丝惬意，当孩子会走路了可以和他一起在宽敞的草地上尽情追逐、奔跑，感受着亲子游戏带来的快乐。可以让孩子在公园草地上开展全身运动，翻滚、往下冲、向上跑等，孩子的大脑会接收大量信息，也反馈了一系列指令，提高了感知觉、运动能力、空间感、心理承受力，更重要的是让宝宝们体验到自由探索、勇于尝试的快乐。玩沙的独特魅力会给宝宝带来无穷的乐趣，要让孩子多玩沙子和水。哪儿有沙子，就带孩子到哪儿去玩，最好是光着脚丫子。在心理学家看来，宝宝喜欢玩沙是因为这样的游戏让他们感到快乐，它可以促进宝宝发展感知觉，练习手的协调性，发展创造力，以及获得情绪上的满足。

《运动塑造孩子的大脑》一书指出："身体是大脑的启蒙老师，运动就是课程。"孩子想懂得多，需要动得多。孩子动得越多，懂得越多，孩子懂得越多，求知欲越旺盛。总之我们主张家长有空就带孩子走出家门，走进大自然、大社会，虽然孩子小似乎什么也记不住，但是家长必须记住这个阶段对孩子发展意义重大。

（三）游戏启蒙，促进心智成长

案例 2－7

9月份开学了，小班来了个男孩子叫轩轩，是个文气的孩子，刚刚搬到幼儿园附近的小区。妈妈把孩子打扮得干净、帅气，非常惹人喜爱。轩轩刚进幼儿园时坐在角落里不肯参加集体活动，哭了几天就适应了。后面几天，轩轩总是对老师发出的指令或信号听而不闻，经常自顾自地游离，学习活动中也会随意跑出来。再后来他常常见到小朋友的玩具就抢，甚至在抢的过程中把好几个孩子都推倒弄伤了，引起班级里很多家长的不满和恐慌。外婆来替孩子向各位家长道歉时无奈地说："我们3楼有一间房间放的全是玩具。什么玩具都有，轩轩最喜欢车子，见了车就要买，多得快放不下了。"老师说："孩子的专注力不够。"外婆说："回到家可安静了，自己看书、玩积木要很久，很专注的。"外婆补充说："在小区里跟其他小朋友一起玩大型玩具，有时也会推人家，我们也教育的呀，我们轩轩不是那种坏小孩。我们小区里玩的也不多，主要是我们退休了经常会有旅游，他跟我们大人一起出门倒是挺多的，出门自己玩平板电脑也很安静的呀。家里面就他自己看看书。到了幼儿园怎么会这样啦？"

很多家长认为孩子的游戏就是玩玩具，于是给孩子买了很多高品质、昂贵的玩具。最让婴幼儿在游戏中感到愉悦的就是和人一起游戏。孩子需要的不是玩具，而是玩伴。

在早期养育中，父母和孩子在一起游戏的过程中，不仅是让孩子体验积极愉悦的情感，更是在游戏中促进孩子的认知，培养幼儿的想象力、创造力，更重要的是引导幼儿学习与人交往、相处，以及获得社会性发展等。轩轩不知道怎样和小朋友交往，源于在家里缺少玩伴，缺少高质量的陪伴，更缺少游戏这个人与人交往的媒介。那么在家庭中，父母应当和0—3岁的孩子玩些什么游戏呢？我们开展相关的实践，在宝宝2个月大时妈妈伸出双手食指，有节奏地念“两只小蚂蚁爬呀爬”并随节奏反复弯曲食指，继续念“爬上你的腿”并随节奏从他的小腿用食指轻触至大腿，说：“爬上你的肚皮，爬上你的头。要亲亲你的肚皮亲亲你的嘴。”随节奏轻轻碰触宝宝的肚子和嘴巴，宝宝被逗笑发出“咯咯”的笑声。宝宝3个月大时我们和他玩躲猫猫游戏，用一块纱布遮住孩子的脸，突然拿走说“呶”，孩子会开心地笑起来。4—5个月大时，用一块透明丝巾盖在宝宝头上，说“藏起来”，看宝宝把自己脸上的丝巾拿下来时说：“找到了。”或者宝宝被抱在爷爷怀里，奶奶蹲下来装着躲起来，然后起来说“在这里”，孩子会被逗笑，宝宝往左边找，奶奶躲右边，就这样乐此不疲地玩。8个月的有一天在车子上，宝宝坐在宝宝椅上主动用车窗上的遮阳布遮住自己的脸然后打开逗大人笑。13个月的时候，宝宝会走路了，我们和他一起藏起来，并说:“宝宝快去藏起来,妈妈来找。”他晃悠着走进自己的房间,妈妈随后去找宝宝,被找到后他开心坏了。或者大人突然藏起来,说:“宝宝快来找妈妈呀!”有时候会藏在门背后他想不到的地方,他会根据声音来找。其实亲子游戏很多,随便一样家里的东西都可以玩。比如大纸箱在生活中随处可见,牢固一点的纸箱是孩子推着玩的好玩具,最好加一条绳子,妈妈在前面走,孩子在后面跟着。“小汽车开起来啦,滴滴,滴滴,真好玩!”孩子玩得不亦乐乎。家里买一套玩具锅碗瓢盆以及一些可切开的果蔬就可以和孩子一起来玩炒菜烧饭的游戏了。最好的游戏就是这么简简单单,只要父母做个有心人,下班一到家放下手机、放下电子游戏,全力陪伴孩子玩亲子互动游戏就行了。只要家长积极参与其中,孩子的聪明、活泼、健康的人格发展都会水到渠成。

(四)情感连接,增进亲子依恋

案例2-8

小班的男孩子诚诚每天来幼儿园时都会在幼儿园门口不停地叫嚷:“阿姨,阿姨,我要阿姨。”开学已经快2个月了,孩子的分离焦虑还是会反反复复出现在来园的那一刻。即便有时妈妈送他来幼儿园,他还是会这样惦记着家里的育儿阿姨,期待着阿姨突然出现把他带回家。他嘴里的阿姨，是从小带他的住家全职育儿师。阿姨陪玩、陪睡、陪吃，几乎所有的日常生活都和孩子在一起，孩子对于阿姨的感情很深。由于父母都是高管，在这个孩子生命的头3年里和父母很少在一起，时刻不离开他的只有阿姨。像诚诚这样哭哭啼啼的孩子，幼儿园里有好几个，而且都是男孩子。有个孩子甚至已经大班了还是每天在幼儿园门口缠着阿姨不松手。他们的家长都是高学历、高收入、高负荷人群，自己根本没有时间陪伴孩子。

美国教育学家、儿童问题专家威廉·哥德法勃说："爱，是一个孩子向前的力量，教育的秘诀就是爱，教育的捷径就是爱之路。"爱的前提是情感，情感是一个孩子生命的原动力，孩子只有和父母建立良好的依恋关系，才会产生良好的情感控制力。我们很心疼那些缺乏父母关注的孩子，他们感受不到自己被喜爱、被关注、被尊重、被接纳，而这些恰恰是一个孩子成长过程中最基本的底色。也有人会说3岁之前发生的事情小孩子是不会记得的，等父母有时间了补上不就可以了吗？心理学告诉我们，3岁之前发生的那些事情虽然记不得，但这些事情都存放在人的潜意识里，伴随人的一生。0—3岁之前没有建立良好的亲子依恋关系，以后也难建立。时至今日，我们在幼儿教育工作中几乎没见过哪个由保姆作为主要照顾者带大的孩子是情绪稳定且全面发展的孩子。怎样的爱才真正有助于孩子的健康成长？我们主张父母要多抱孩子，要多抚摸孩子，逗孩子笑，与孩子同床睡，多和孩子亲密互动，不能让孩子患上“皮肤饥渴症”。特别不主张父母经常用小推车推孩子出门——经常看到小区门口很多祖辈推着小推车出来带孩子散心，大人默默推车，孩子躺在车里“生无可恋”的样子。推着小车的父母不太会和车里的宝宝亲密互动。0—3 岁就是情感养育最佳时期，家长用心并正确地陪伴，我们的孩子定会成为那个快乐而温暖的孩子。

第二节 3—6 岁学龄前孩子的家庭教育实践指导

3—6 岁的孩子，慢慢走出家庭，进入幼儿园，开始适应集体生活，这个阶段是孩子一生中社会生活的起点。家庭外面的世界很精彩，刺激着孩子的神经，激发着孩子的潜能。集体生活的规则开始不断地植根于孩子生活的各个环节。孩子在慢慢地长大，需要符合该年龄段的家庭教育同步匹配，才能跟得上孩子发展的脚步。

此阶段的家庭教育方式有别于0—3岁期间的教育方式，开始经历两个对于幼儿而言比较重要的阶段。一个是从家庭到幼儿园的托幼衔接，家长往往担心孩子是否能够适应幼儿园的生活，这也是跨入社会的第一步。它被称为第二次断奶，在家长和孩子心中，充满了焦虑和担心。第二个阶段是上小学前，我们通常称为幼儿园阶段。好多家长以为，只要大班开始重视幼小衔接就可以了，其实幼小衔接从小班就开始了。这就意味着，托幼衔接和幼小衔接是两个紧密结合的阶段，家长如何做到无缝衔接，并做好充分的准备，帮助孩子顺利适应小学生活乃至后续的学习生涯，是3—6岁这个年龄段的重点工作。

我们围绕这两个阶段，和家长聊聊我们可以为孩子做些什么。

一、充满分离焦虑的托幼衔接阶段

（一）缓解分离焦虑的亲子陪伴

常常在新生入园前，听到好多妈妈不无担心地打听孩子班级教师，委托认识的人为孩子入园后提供一些便利和帮助，殊不知，家长过度的担心，已经在影响孩子，让孩子产生入园前的焦虑和恐惧。因为家长不知道，每一个阶段，孩子们会以他们敏锐的感知力接收生活中的不同信息，然后在筛选的过程中，形成他们的认知。家长的言行会以不同的形式呈现在孩子的面前，让孩子原本对上幼儿园的期待变成了担忧。因此在孩子上幼儿园之前，家长首先要相信孩子，同时尽可能运用愉悦、期待的方式，陪伴孩子一起进入幼儿园生活。

案例 2-9

喋喋不休的然然

接到一个小班新生家长的咨询，孩子上幼儿园已经有2个月了。刚开始欣欣然到幼儿园，一天后就哭着不肯去幼儿园。家长明白要想让孩子适应幼儿园的生活，必须坚持天天上幼儿园，适应了幼儿园生活后，情绪就会好起来。

可是现在每天上午她都是哭哭啼啼的，每天奶奶送她上幼儿园，一路上需要奶奶的安慰，并保证奶奶在幼儿园门口等她。需要奶奶的再三承诺和老师的鼓励帮助才能进班级。老师反映，她在班级里，什么活动也不愿意参与，就是等在班级门口，坐在门口的小椅子上，问老师和保育员："奶奶在门口吗？我要回家。"任凭老师和保育员怎么劝都无济于事。每次活动前，就跟在老师后面问："奶奶在门口吗？我要回家。"老师和保育员采取了好多方法都不奏效，2个月了，除了吃饭、午睡的时候，其他时间就是等在班级门口，期待奶奶早点来接她。不愿意和班上的孩子一起活动，对同伴的邀请，都是一口回绝，导致她在幼儿园没有一个好朋友。

家长也非常苦恼，一方面为孩子而担心，另一方面更加焦虑，不知道怎么办。经过和家长的沟通，我们了解到以下情况。

(1) 孩子平时和奶奶相处时间比较多，奶奶比较宠孩子。自出生起，然然就由奶奶一手带大，晚上也和奶奶一起睡觉。奶奶在然然有需求的时候，一般都会顺从然然的需求，尽可能地满足她。

(2) 爸爸妈妈对然然的要求比较多。爸爸妈妈白天上班，下班后也会和然然简单互动，但是然然比较依赖奶奶，和爸爸妈妈的沟通不多。妈妈为了然然不受外界的伤害，和然然的互动中更多的是教她一些自我保护的内容，如：不能让别人摸自己；自己的东西自己放好，不能碰别人的东西；不能随便出去；外面有好多坏人……

(3) 孩子活动的空间比较狭窄，以家中活动为主。平时爸爸妈妈带孩子外出，都是完成家庭既定任务后就马上回家，较少专门带孩子去玩耍。奶奶偶尔也会带然然去生活的小区玩，但是，一般然然都是远观而不接近。比较多的时间是奶奶和然然在家中过日子。奶奶做家务，然然自己玩。

由此可见，家长在亲子陪伴和亲子交流方面出现了问题，导致然然缺乏安全感，然然觉得只有和奶奶在一起，才是最安全的。爸爸妈妈的疏离，让她缺乏亲情带来的稳定的情绪体验。妈妈的反复提醒，让然然从小就穿上了厚厚的盔甲。只有在日夜满足和呵护她的奶奶面前，她才是最轻松和自在的。我们都知道，亲子依恋是幼儿期情感发展的核心，亲子依恋的关键期在 0—4 岁左右，依恋类型分为典型的三类：安全型依恋、焦虑-回避型依恋、焦虑-反抗型依恋。

让孩子形成对父母的安全型依恋的方式有以下几种。

（1）父母自己带孩子。

（2）多与孩子拥抱。

（3）信守承诺，说到做到，不要编造谎言。

（4）当孩子不愿与父母分离时，讲清原因和回来的时间，不能使用恐吓打骂的方式。

（5）多抽出时间陪伴孩子。

（二）增强适应力和自信心的自理能力

我们发现影响小班孩子入园适应能力的另一个重要的

因素是生活自理能力，经常听到家长之间、亲子之间重复这样的话语："我家孩子还不会自己吃饭，上幼儿园怎么办？我家宝贝上卫生间要大人帮忙的，上幼儿园老师会帮忙吗？真的好担心。我家宝贝年纪小，自己不会脱裤子、提裤子，老师和阿姨会帮忙吗？宝贝，你还不会擦屁股，上幼儿园行吗？"

诸如此类的语言，透露出家长对孩子入园的担忧，从情感上可以理解。但是家长们是否想过，孩子听到家长们这样的言语，他们会怎么想？估计孩子原本对幼儿园的憧憬，会因为家长的担心而土崩瓦解，由此孩子也会担心："我行吗？我还不会自己吃饭……"

案例 2－10

我不吃饭

天天小朋友一到吃饭的时间，就坐在饭桌前大哭，老师问他："你为什么哭呀？"

天天："我不要吃饭。"

老师："为什么不吃饭？吃饭身体才能棒棒的。"

天天："哇，我不要吃饭。"

老师："那老师喂你吧。"

天天："好的。"于是张开嘴巴吃了起来。

老师见状，说："天天，老师教你怎么吃饭吧。"

天天："我不要，我不要自己吃，我不会吃。"又要哭起来了。

老师："那在家里是怎么吃饭的？"

天天："奶奶喂的。"

案例 2-11

老师，我不会

萱萱上幼儿园的第一天，每次都是老师反复提醒她上卫生间，她才去的。到了卫生间，也不急不慢地等在卫生间里。老师再三催她，她才慢慢地开始脱裤子，一般都是老师实在担心她尿在裤子上，帮她脱下来后，她才开始小便的。

小便后，她会走到老师的面前，用期待的眼神看着老师，老师提醒她提裤子，她摇摇头："老师，我不会。"老师："宝宝，我们上幼儿园了，自己的事情要自己做。"边说边帮她提裤子。

第二天，萱萱哭着不肯上幼儿园。

以上的情景在幼儿园小班的活动室里，经常能见到。有不肯在幼儿园大便，硬憋着回家的，还有经常尿在身上的，主要原因是孩子缺乏生活自理能力和自我服务能力。虽然经过一段时间的紧急训练和集体生活氛围的影响，孩子们的动手能力会得到改善，但是由于家长在入园前期，没有做好幼儿简单生活自理的训练，会在入园早期给孩子带来一定的适应困难。

我们梳理了那些入园不适应的孩子哭闹的时间节点及原因，我们发现除去思念家人的分离焦虑以外，不适应的孩子中，90％在进餐的时候会哭，75％的孩子是在午睡的时候哭，50％是因为大小便在身上，还有 25％是因为争抢玩具等原因。

通过研究我们发现，孩子入园前最需要培养的生活自理能力，分别是进餐、午睡、洗手、如厕这四方面。这些涵盖了孩子幼儿园生活的重要内容，如果孩子能自如地应对这些挑战，对孩子自信心的建立和对环境的适应具有推动作用。

培养孩子入园前自理能力的建议有以下几条。

用餐　1 岁时就可以提供单独的餐具，让幼儿尝试自己吃饭；3 岁前做到比较干净地吃完自己的一份饭菜。

午睡　3 岁左右的孩子坚持每天在固定的时间午睡 2 小时左右。家长可以从陪伴入睡逐渐转为让孩子自己入睡；孩子午睡时，可以播放一些舒缓的音乐或者简单的、充满重复性语言的故事。

洗手 3岁的孩子尤其喜欢玩水，可以从玩水入手，运用唱儿歌的方式，帮助幼儿掌握洗手的流程，并养成饭前、便后、外出回来洗手的习惯。

如厕 在成人“协助—半协助—放手”的过渡中，让孩子逐步掌握如厕的方法。3岁孩子的手臂力量会影响如厕的速度，因此给孩子穿上比较宽松的裤子，方便提拉。同时在幼儿自己处理大便时，成人要给予肯定，并逐步提升自我整理的要求。

（三）能与他人建立情感连接的口头语言

语言是连接人与人的工具，也是社会性情感发展的载体，当幼儿踏入幼儿园这个小集体，需要借助语言这个载体，架构与教师、同伴之间的沟通桥梁，才能在相互的沟通和互动中，体验到集体生活的快乐。当孩子进入一个陌生的环境，会有许多的不适应。有的孩子能用自己的语言表达自己的需求，帮助成人很快地了解他的需求并使孩子满足。这能对孩子适应环境起到助推作用。

案例2-12

妈妈会来接我的

妍妍今天第一天上幼儿园，在幼儿园门口，忍着不哭,和妈妈说:“妈妈再见。”妈妈一脸担心地看着孩子:“妈妈会来接你的,听老师的话哦。”

晨检后,妍妍在老师的引导下,走进自己的班级,带班老师主动和妍妍打招呼:“宝宝早上好。”妍妍看着老师,还是没有忍住眼泪,边忍着边回应老师:“老师好。”终于在打完招呼后,泪珠滚了下来,哇地哭出了声:“老师,我想妈妈了。老师,你能抱抱我吗?”

老师马上抱着妍妍,拍拍她:“宝贝,我们上幼儿园了,幼儿园有好多好玩的,一会儿老师陪你玩,好吗?”

妍妍:“嗯,妈妈会来接我的,妈妈答应我的。”

老师:“对,老师和妈妈都喜欢你,来,我们去玩吧。”

在老师的陪伴下,妍妍一会儿就投入角色扮演游戏中,模仿妈妈在家烧菜的样子,在“小厨房”里忙开了,一会儿脸上绽开了笑容。

午睡的时候,孩子们哭着不肯睡觉,妍妍也开始眼泪汪汪地看着老师:“妈妈怎么还没有来?”

老师:“宝宝,我们睡一觉,妈妈就来接你了。”

妍妍:“老师,你拍拍我吧,妈妈也拍拍我的。”

老师愉快地答应了,伸出手在妍妍的肩头轻轻拍了起来,不一会儿,妍妍就进入了梦乡。

晚上，我们和家长进行了孩子第一天情况的反馈，在沟通中我们了解到以下情况。

(1) 这是个三代同堂的家庭。平时白天妍妍基本由爷爷奶奶协助看护，爸爸妈妈一下班在爷爷奶奶家吃好晚饭，妍妍就和爸爸妈妈回自己的家睡觉，早上再由爸爸妈妈送到爷爷奶奶家。孩子既有和祖辈交流的机会，又有和爸爸妈妈共处的时间。

(2) 祖辈和父辈的沟通比较顺畅。一起吃晚饭是这个家庭聚在一起最快乐的时光，吃饭的时候，一般都是不说话的。但是吃完饭，一般不会马上收拾，而是喜欢全家人坐在一起聊天，说说自己开心和不开心的事情，每个人都可以交流自己的感受，包括孩子。

(3) 和孩子共处的时间里，家长比较注重孩子的感受。当孩子开心和不开心的时候，家长会倾听孩子，并鼓励孩子说出自己的感受。对于孩子偶尔的无理取闹，家长会在孩子冷静后，进行批评，并说出家长自己的感受。

(4) 家庭中语言氛围比较浓厚。不管谁带孩子，他们都会边做事，边和孩子互动，并给予孩子回应的机会，因此孩子很小的时候，就愿意用动作、语言与成人进行沟通和交流。

通过研究，我们发现，家长善于创设丰富的语言环境，能帮助孩子从小就懂得运用语言与人交流，孩子的情绪状态是愉悦的，更容易接纳陌生环境中的人与事。

二、贯穿整个幼儿园时期的幼小衔接阶段

《上海市幼儿园幼小衔接活动指导意见（修订稿）》指导思想中明确指出：遵循幼儿身心发展规律，聚焦幼儿入学时面临的适应性问题，科学设计和开展幼小衔接活动，杜绝单纯的只是学习和简单的技能训练，帮助幼儿逐步适应小学生活。构建科学适宜的幼小衔接工作体系，促使幼儿园、小学和家庭形成教育合力，营造合作开展幼小衔接教育的良好氛围。

围绕幼小衔接阶段幼儿发展目标，我们通过研究发现，这些目标的达成不是一蹴而就的，需要从小班开始，循序渐进地逐步推进。因此围绕3—6岁孩子的家庭教育的指导，我们可以依据发展目标，结合幼儿发展的关键期，有目的地实施。

（一）从秩序感的建立到规则意识的形成

幼小衔接活动指导意见中幼儿发展目标三：建立初步的规则意识和任务意识，有遵守规则和独立完成任务的能力。

1. 说说秩序感这件事

幼儿的秩序感从1岁起就存在了，到了3岁的时候对

外在的秩序感越来越强烈，成人需要按照他们的秩序流程进行操作，否则容易引发比较极端的强烈反应。

这种由内而外的秩序感的出现，并非坏事，也不是叛逆的表现，而是幼儿对于自己内在秩序感的强烈执着的维护，这也是自我意识的启蒙。我们可以在尊重和认同这种秩序感的基础上，顺势借助幼儿的秩序感，渗透一些简单的规则，在相互的影响中，逐渐培养幼儿的规则意识。

案例 2－13

我们没有家规

我们接到一个咨询，来自一位小班男孩子的妈妈。妈妈非常苦恼地诉说自己家孩子的任性行为：上幼儿园必须是骑着电瓶车，走以往规定的那条路，每天上幼儿园，必须先送哥哥，再送他。有一次因为特殊的原因，先送他上幼儿园，死活不肯下车，一定要先送哥哥。

在家的时候，哥哥必须让着他，刷牙、洗脸，他好了以后，轮到哥哥，不然又是一顿大哭。在家吃饭也是如此，必须他先吃好，家里人才能放下碗筷，谁比他快，必须重新拿起来假装吃。妈妈非常苦恼，觉得孩子太任性，太霸道。曾经打过几次，但是没有成效。

我们和妈妈解释：这是这个年龄段孩子的特点，这是他的规矩，其他人不能打破。

妈妈很苦恼，这么无理的规矩，没办法接受。

我们问妈妈："你们家里有家规吗？"

妈妈摇头。

我们建议，孩子有他自己的规矩，我们尊重他，但是在家庭中，家长也要一起制定一个家庭规矩。将一些孩子的无理要求，纳入家规的范畴，在得到孩子的认同后，慢慢影响孩子。同时对于一些非原则性的问题，先尊重孩子这个阶段的发展特点，在接纳中慢慢改变。

2. 让规则意识活泛起来

其实，孩子的这种秩序感，在 4—5 岁的时候会自然地发展为对规则的要求。这个时候的孩子，不仅是规则的执行者，还是规则的评价者，他会运用规则要求家长也要遵守这样的规范。

案例 2－14

不能闯红灯

5 岁的轩轩，每天从家里上幼儿园需要经过一个十字路口，当妈妈送他上幼儿园的时候，会在红灯的时候主动等待，等到绿灯后再通过路口。有段时间妈妈出差了，轮到奶奶送轩轩上幼儿园，每次经过十字路口都是轩轩提醒奶奶不能闯红灯，奶奶也遵守了。有一天，奶奶有急事，想在倒计时还有4秒的时候，带轩轩闯过去，结果轩轩死死拉住奶奶的手，不肯闯红灯。但是由于人小力气小，被奶奶一路拽着走了过去。半路不到跳到红灯，轩轩一看，马上哭了出来，过了马路，站在路边和奶奶怄气，不肯走了，直到奶奶道歉了，才气呼呼地答应了，并叮嘱奶奶："以后不可以闯红灯，不然我不去上幼儿园"。

在此案例中我们可以清晰地看到，5岁的孩子已经建立了一定的规则意识，同时规则意识一旦建立，势必会主动地维持并坚守这种对规则的承诺。

但是现实生活中，我们成人往往比较忽视孩子的这种品质，率先打破孩子固有的规则意识，试图建立自己的随意改变的规则，常会导致亲子之间出现关系偏差。

其实，我们不妨将孩子的这种由秩序感引发的规则意识运用起来，借助孩子对时空秩序感的关注，在家庭书房的管理上，充分放手让孩子进行整理和维护，并制定家庭书房使用规则；6岁起孩子的美感价值开始形成，孩子自己的房间让孩子自己作主进行美化，孩子自己的物品让孩子自己进行收集保管，为上小学后学习用品的整理和保管起到铺垫的作用。

同时，孩子在参与简单家务的过程中，为幼儿提供自立的空间和平台，也为孩子的自我服务做好铺垫。

（二）从绘本阅读到延伸拓展的前书写

幼小衔接活动指导意见中目标四是这样表述的：对各类学习活动有好奇心和探索欲望，有初步的逻辑思维能力和解决问题的能力；具有良好的倾听、阅读等学习习惯。围绕这个目标，家长在操作的过程中，比较简单的方式就是阅读绘本。

1. 阅读绘本的正确方式

现在的家长都比较注重孩子的早期智力开发，绘本阅读是大众都能接受，而且比较流行的做法。的确，绘本阅读能培养幼儿良好的阅读和学习习惯。但是我们也发现在绘本阅读中存在着许多误区。

案例 2－15

陪读妈妈

有一位大班孩子的妈妈前来咨询，非常苦恼地向我们倾诉。

听了老师的建议，妈妈在家每天再忙也要抽时间陪孩子阅读绘本，从小班开始，陪伴到现在。平时都是孩子选好绘本后，家长在晚上抽半小时的时间，一起阅读。孩子还有半年就要上一年级了，妈妈想慢慢地让孩子自己阅读绘本，这样妈妈也能自己学点东西。可是每次让孩子看绘本，都要拉着妈妈一起看才行。让孩子自己看，往往一分钟就把整本绘本看完了，让孩子说说看了什么，就说看不懂，让妈妈陪她看。这怎么行？总是依赖妈妈，上了一年级怎么办？

但是有一点还是比较让妈妈欣慰的，那就是通过看书，认识了好多字。妈妈就是想咨询下，怎么让孩子学会独立看书。

从家长的诉说和进一步向家长求证后，我们发现，家长在这 3 年和孩子的共同阅读中，始终运用同一种方式：家长说，孩子听。孩子对绘本阅读建立了固有的、单一的阅读思维，这是家长 3 年来自己造成的。我们在绘本阅读方面给予家长如下建议。

建议一，借助绘本培养幼儿的观察能力，形成口头语言的表达。

2—3.5 岁是口头语言发展的关键期，家长在借助绘本阅读进行阅读启蒙的时候，要选择色彩艳丽、画面简单的绘本。可以选择在睡前和孩子一起看绘本故事,每次看绘本的时间从 5 分钟到 10 分钟不等,具体看孩子的兴趣,当孩子没有兴趣时,可以马上停止。

孩子刚开始阅读的时候,切忌家长先入为主。家长可以陪伴孩子一起观察画面,并引导孩子运用自己的语言说说看到的内容,家长不要试图去依据绘本故事中的文字信息,纠正孩子的第一观察判断,只要持肯定态度即可,任凭孩子怎样去发挥想象,天马行空地讲述。

这个阶段让孩子自己按照观察到的内容去讲述,不仅有助于观察力、想象力、专注力的培养,还能为孩子口头语言的表达提供机会,是个一举多得的好机会。

建议二,借助绘本从口头语言向书面语言发展。

4—5 岁是孩子书面语言发展的关键期,这个时候绘本阅读要发挥充分的作用。家长可以设定每天在家阅读的固定时间,并在固定的时间保证孩子进行阅读,21 天后再坚持 3 个月,孩子的阅读习惯就会自然形成。

这个年龄段的孩子,观察能力有了一定的基础,口头语言也发展到了一定的程度。在阅读的时候,家长不妨和孩子一起同步阅读相同的绘本。约定好阅读的时间,可以在小班的基础上,延长到 10 分钟左右(具体以孩子的专注力极限为宜)。约定的时间一到,亲子合拢绘本进行交流,讲述自己看到的绘本故事，原则上孩子先讲，家长后讲。交流的目的是将看到的绘本情节转化为自己的语言进行表述，是储存语言记忆、考验专注力的过程。亲子娓娓道来的绘本故事已经脱离了原来绘本文字的局限，是重新建构绘本故事的过程，这也是书面语言启蒙的基础。

建议三，借助绘本丰富词汇量。

5—6 岁是孩子掌握词汇的关键期。这个时期的孩子，离小学生活越来越近了，不断丰富词汇量，有助于对小学语言读本的理解和掌握。

此阶段在绘本阅读的过程中，要求更高。由于此前有了自己阅读的经验，孩子阅读的习惯和能力得到了培养，此时可以家长读自己的书，孩子看自己的绘本。看完后，在相互交流的时候，家长可以有目的地在孩子讲述的基础上，也来讲述绘本故事，家长可以根据绘本故事上的文字进行解读，并增添丰富的形容词，引导孩子对绘本故事再加工。

2. 前书写的正确方式

幼小衔接中会有前书写的准备，前书写是指：幼儿在未接受正式的书写教育前，根据环境中习得的书面语言知识，运用涂鸦、图画、像字而非字的符号、书写接近正确的汉字等形式进行的书写。不仅是幼儿对符号、文字等书面表达形式的感受认知，更是有组织、有条理地表达信息的经验。

案例 2-16

怎么训练孩子写好字?

有个大班的家长前来咨询,想了解孩子上大班后怎么训练孩子写字?

这位家长听说上了一年级要写字的,好多家长也在让孩子练字。他家孩子什么都不会,那可不行。这阶段,家长也买了描红本、算术本。但是家长发现,孩子要么写几个字就说手酸,要么这个字歪歪扭扭,还哭着不肯写。家长不知道该不该现在开始准备起来,也不知道要怎么准备。

没错,幼小衔接中确实有前书写的准备,但是我们不能光从字面上理解,前书写只是一种书面表达的方式,并非只有写字才是前书写。再说,大班年龄段的孩子手指肌肉还没有发育到能自如运用铅笔的地步,这样的揠苗助长不仅会影响孩子学习的兴趣,也是对前书写的曲解。

通过研究,我们发现在做前书写准备的过程中,可以从以下两方面入手。

建议一,提供“书写体验区”,开始前书写体验。

绘本这个载体,如何将它发挥到极致?我们在前书写的准备中,也可以去尝试利用。在阅读绘本后,家长提供书写本，让幼儿创造性地涂鸦、记录和制作。

3—4 岁的孩子在阅读绘本后，家长可以引导孩子模仿绘本的形式，记录这本绘本中最喜欢的人物或者简单的情节；4—5 岁的孩子在阅读绘本后，家长可以引导孩子，通过亲手制作再现简单的情节；5—6 岁的孩子在阅读绘本后，可通过绘画或者制作来表达自己的阅读体会和感受。

同时家长还可以和孩子一起运用符号、简单文字组合的方式，设计绘本小报、制作计划书等。

建议二，加强家务劳动，为前书写做好铺垫。

孩子在书写的过程中，往往会手指酸痛，不愿意书写，这主要是因为手指力量不足。家长可以在平时让孩子参与家务劳动。

不同年纪的孩子可以参与不同的家务劳动，3—4 岁的孩子，可以扔垃圾、折叠衣服，从大肌肉的动作开始发展。4—5 岁的孩子，可以参与摘菜、剥毛豆等家务作为精细动作的训练。5—6 岁的孩子，可以参与绣花、玩具拆装等工作，使小指肌肉发育更完善。不同阶段的家务劳动和训练，能有效提升肌肉的强度，为后续的书写奠定基础。

（三）从自主游戏的规划到活动计划的建构

幼小衔接活动指导意见的发展目标中还有如下要求：具有积极的情感体验；能主动表达自己的需求和想法，乐意学习并积累与不同对象交往的经验。幼儿园主要借助游戏、个别化学习等方式和途径，帮助幼儿体验积极情感，表达自己的想法和需求，其实在孩子3—6岁这段时间，也需要家长进行家园之间的协助和配合。

1. 支持孩子的游戏规划

游戏具有愉悦情绪，加深对周围事物认识，促进想象力、思维力和社会性发展的作用。但是越来越多的家长受到大环境的影响，注重孩子的认知经验，在孩子对情感的体验和表达方面缺乏关注，造成较多的孩子存在心理发展方面的问题。

案例2－17

我家孩子长不大

曾经在朋友圈里看到这样的一幅画面，6岁的哥哥和4岁的妹妹，把家里的沙发整个“乾坤大挪移”，沙发靠背和坐垫全部分离，组合成了一个很奇怪的样子（解读为：碉堡），然后“碉堡”里丢满了瓶子（解读为：炸药），“碉堡”外地上全部是玩具（解读为：敌人），兄妹俩在“碉堡”里开心地手舞足蹈。

妈妈在图片的下面标注：“天天这样搞破坏，实在受不了。谁来管管他们？”

我们看了，都哈哈大笑，觉得非常有趣，也非常有意义。

意义一，训练了体力和合作能力。沙发的搬动和拆卸是需要一定的体力支撑的，必须兄妹协作才能进行建构。这样的运动，对孩子整体的大肌肉是一次挑战。其次只有兄妹俩都认同，才能搭出这样有趣的"碉堡"，彼此的迁就和分工，不是合作能力的充分体现吗？

意义二，感到愉悦，增进情感。看兄妹俩开心的样子，这件事情肯定在他们心中留下非常美好的印象，这在未来多少年，都是他们愉快地向他人炫耀的谈资。同时，这种在游戏中建立起来的情感，一定会让兄妹感情加速增长。社会性情感的萌芽，已经展现出勃勃生机了。

意义三，发展了空间建构和思维能力。三人沙发加上贵妃榻，变得面目全非，形成了让外人一看就明白的"碉堡"，是需要一定的空间建构能力才能达成的。同时替代物的运用，又是思维不断发展的体现。

家长不花一分一毫，也不用刻意指导，只要给孩子足够的空间和自由，孩子们就可以充分想象并建构自己的游戏情节，这不是破坏，这是在创造，为孩子鼓掌。作为家长，应该多给予孩子自我规划游戏的空间和平台，让孩子的天性在自由的天地中翱翔。当然，游戏后物品的归位，是兄妹俩的必修课，也是放飞自我后的一种责任。

2. 鼓励孩子建构活动计划

常有小学家长抱怨孩子一点也没有计划性，放学回家也不知道做作业，只想着回来玩。吃完了饭，还要再三提醒才慢吞吞地去做作业。请问，这是孩子的错吗？难道家长自己就没有一点责任吗？

上了小学，一切按部就班，需要一定的计划性才能高效完成学业，其实，培养这种计划性的机会，一直存在，只是家长没有发现而已。

3—4岁 参与家庭会议，商讨近期活动。好多家长认为："我想干什么，我说了算，孩子只要跟着我走，就可以了。"其实不然，如果孩子参与商讨周末的外出计划，和孩子共同预设了相关的路线和时间，孩子会兴奋地早起准备。这就是尊重孩子带来的收获。

4—5岁 计划周末活动。不妨将双休日的打算，先告诉孩子，然后以孩子为主，和家长一起规划具体的活动安排。从时间、地点、内容等方面，听听孩子的想法，鼓励孩子为自己准备相关的物品。这样的话，孩子还会睡懒觉不肯起来吗？

5—6岁 制订寒暑假外出计划。大班的孩子有一定的自主权和收集资料的能力了，不妨将寒假或者暑假的一次外出旅行的规划工作交给孩子。全家说出想去的地方，提供地图，和孩子一起研究外出的路线以及时间。然后把这些信息交给孩子，让孩子尝试通过制作计划书的方式，把外出前的准备，出发前的具体安排，以及具体的实施方案，都记录下来。要把握每一个时间点，都需要一定的计划。经历过这样缜密思考的孩子，在处理自己的学习问题时，肯定也能游刃有余。

第三节 中小学阶段家庭教育实践指导

通常说的中小学阶段，主要是指九年义务教育阶段，也可以加上中等职业教育和高级中学阶段。这一阶段学生们自然有学习能力上的差别。

案例 2－18

要去看医生的小学生

浅浅正上小学一年级。10 月下旬，父母在开学不到 2 个月的时候前来寻求帮助，是父母带着孩子一起来的。

浅浅在学校上课注意力不集中，总东张西望；学习成绩跟不上同班同学；老师建议家长找医生看看孩子有没有多动症。孩子回家作业不肯好好做(小学一年级的作业是需要家长配合一起完成的学习体验)，吃完晚饭该做作业了，她一会儿说要吃水果，一会儿说要上厕所，一会儿说要喝水，一会儿让妈妈给她讲个故事……诸如此类，总之就是不听话、不安定、不认真。

好不容易作业完成了，父母叫她早点洗澡、早点睡觉(怕她第二天早上起不来)。浅浅不愿意，说还要玩她的玩具，而且总是喜欢小时候的玩具，那些小班时候的玩具都要翻出来玩，父母收拾好的东西，被一样样翻找出来，找不到还发脾气，惹得父母总有一个发火训斥女儿。女儿哭了，另一个就安慰她。终于洗好澡，该去睡觉了，浅浅说还要玩躲猫猫，父母不同意也不行；她还要从父母的床上跳到飘窗台上，再从飘窗台跳回床上，来来回回地蹦跶。总是要父母全都恼火，浅浅哭了，哭累了，才能把她抱到自己房间睡觉。每天折腾到十一二点，父母实在受不了，希望咨询师能帮上忙。

咨询中发现以下情况。

(1) 浅浅喜欢画画，可以专注地花一两个小时画画。

(2) 浅浅词汇量不多，但她喜欢别人跟她耐心地聊天说话。

(3) 浅浅小时候基本由奶奶带大，奶奶是个沉默寡言的老人。一直到幼小衔接阶段妈妈才介入，希望浅浅早一点认识字，所以开始给女儿讲故事，教女儿认字。

(4) 浅浅上幼儿园基本上只去半天，下午由奶奶领回家，在家里午睡；大部分日子下午就不回幼儿园了。

(5) 来之前父母已经带着浅浅去过一家医院和一个儿童心理咨询中心。医生还不能确定浅浅是否有多动症，表示需要做脑电图和核磁共振检测，再次挂专家门诊来诊断。第二家机构的咨询师怀疑浅浅有自闭症倾向，也需要再做观察诊断。父母焦虑万分，迫切需要知道孩子到底是否正常，他们应该怎么办。

(6) 浅浅很会讲本地方言(家里人平时都讲本地方言)，对于花鸟草虫和小区绿化很了解。她喜欢跟奶奶在一起时那种自由自在的生活，不喜欢学校生活，尤其不喜欢上课时坐在那里一动也不能动。

案例 2－19

要被退回学区的初中生

庄庄，某民办初中六年级男生，5月上旬来咨询。首次咨询时母亲独自来，第二次咨询时母亲、孩子一起来。

爸爸正为接下来孩子的读书去向而担心，因为老师说："如果真的跟不上，下学期还是转回所在学区的学校吧。"庄父说儿子学习上不够努力，不求上进，整个人稀里糊涂有点马大哈。担心长此以往，孩子的学业将不可收拾，希望咨询师能帮助他孩子改变这个状况。庄父悄悄告诉咨询师，孩子在背诵记忆方面的能力比较弱。

通过首次面谈，获得这些主要的信息。

(1) 庄庄知道父亲认为自己记忆力较差。

(2) 庄庄从读小学开始到现在，从来没有把背书作为一项和做书面作业一样的常规作业来对待。也就是说，多年以来，他都是凭小聪明，临时抱佛脚应付过来的。

(3) 庄庄学习成绩在小学时就处于中等水平，小时候练钢琴占据主要课余时间。那个时候妈妈负责庄庄的家庭教育，爸爸经常早出晚归或出差。妈妈没有培养庄庄完成口头作业的习惯。

(4) 庄庄最怕父母吵架(他们经常吵架)，有时甚至觉得回家没意思，家里气氛压抑，缺少快乐。

(5) 妈妈在家里是最讲究卫生和规则的一个，父母之间的争执也往往由此而起。她对庄庄的行为习惯不满意，比如，吃过的糖果包装纸放在抽屉里，而不是扔进垃圾袋。为此，庄庄常被批评。

在咨询中进一步发现以下情况。

(1) 庄庄从小到现在，一直生活在害怕父母吵架的不安中。

(2) 学校里，老师的负面评价乃至不公正的做法，在庄庄看来，都是为了他好，所以是"不要紧"的。事实上，即便是那些一般孩子会觉得难堪的负面评价或不公正待遇，也不会令他难受。

(3) 庄庄不为自己的状况感到难受或痛苦，因而也不存在老师和家长所期望看到的知耻而后勇的可能。课间的时候，依然会违反老师安静休息的要求，成为大声说笑的中心并因此受批评。父亲电话里所说的"马大哈"就是这个意思。老师曾经向家长指出庄庄心理年龄可能比实际年龄要小。

(4) 庄庄很喜欢动手操作。会摄影，经常为少先队活动摄影。

案例 2－20

不肯回学校的高中生

小城，某民办高中一年级男生，10 月下旬前来咨询。首次咨询是父母来，第二次咨询时父母、孩子一起来。

小城从国庆节前开始不想去学校读书，9 月下旬回来后不肯去学校，每天把自己关在家里，玩玩手机。父母担心孩子会有什么心理问题，其间已经去医院心理咨询过。孩子从医院出来后警告父母："再也不会去这种鬼地方，＊＊医生（孩子讲了一句脏话）。"事情起因是学校班主任在收缴学生手机这件事情上做得不严谨，小城不服，认为学校管理混乱，老师凭个人脾气管理，不公平。国庆期间，小城表示愿意再回学校，10 月 8 日国庆休息的最后一天，妈妈托关系找到所在地区青少年心理健康指导中心，让孩子跟那边的专家老师见个面聊一聊，期望巩固一下愿意回学校的决定，不料孩子回来后直接说不去学校了。此后整整一周，孩子一直在家里玩手机。父母一头雾水，深刻反思自己是否哪里做错了，或者错过了什么，还是这孩子现在已经游戏成瘾，难以自拔？希望咨询师给予分析判断和提供帮助。

咨询中发现以下情况。

(1) 小城父母对孩子现状忐忑不安，跟他们身边发生的学生跳楼事件不无关系(小城父亲所在学校的一个学生不久前跳楼自杀了)，也和他们无法跟孩子交心关系密切，他们不知道孩子内心的感受和孩子对学校老师的反感、恼火是基于什么心理机制。在小城父母看来，老师的严格管理是一件很正常的事情，儿子如此小题大做，难以理解。

(2) 小城的学习能力并没有父母想象和期望的那么强，他原本可以选择读中职校，选择"三加二"中高职贯通对他比较合适。可是父母希望孩子读高中(这份希望中有相当一部分来自父母的面子需求和父母对劳动力就业市场的不了解)，所以想办法去了这所民办高中。这所民办高中的办学理念和实际情况是不匹配的，小城在开学之后已经感受到这一点。结合小城以往的学习经历和当下个人发展的内在需求，他处于一种迷茫混沌的状态。小城已经是高中生，咨询，要从帮助他明白自己身在何处、去往哪里开始，同时还要改变父母的观念并提高配合能力。

这样的案例不胜枚举，孩子们在学校里学习行为、学习效能差异很大，而这些差异主要来自家庭。家长真正要做的，是去思考和践行家庭可以为孩子做什么，家庭如何帮助孩子在学习过程中更好成长。基于心理科学的家庭教育指导，更主张家长们在孩子从入学到高考的这一段宝贵时光中，至少要做到对孩子的13个帮助。

一、进小学前帮助孩子准备学习

孩子进入小学阶段的学习准备，决定了孩子的学习效能。孩子的学习基础，既基于0—6岁的家庭养育和教育，也有来自遗传的先天禀赋。父母们在0—3岁早期养育和3—6岁家园融合的学龄前教育过程中，无所作为自然不好，舍本逐末的错误行为更不好。之前两个小节的内容已经足够详尽地介绍了如何做好0—6岁的家庭养育，不再赘述。

孩子和他们的家庭有没有做好进入小学阶段的学习准备，孩子在进入小学阶段之后的表现就是最好的答案。在孩子进入小学之前，有一些准备是只能在家庭养育过程中形成的基本学习能力，它包括了神经系统的发育水平、语言发展的水平、家庭人际关系的水平、孩子自我感的水平……这些都可以用“水平”这个词来形容，因为不同的孩子这些方面的发展差异真的很大。它们来自生活，家庭生活就是家庭教育的最普遍的自然载体。

案例2-18中的浅浅，如果处理不当，可能还需要经历一番折腾来确认是否正常。咨询中发现，浅浅是一个正常的发展水平低下的孩子，如果一定要给她一个诊断结论，我们可以创造性地形容她是“基于语言文字的精神世界贫乏和自由主义综合征”。也就是说浅浅并没有做好进入小学的学习准备。

二、刚进小学帮助孩子学会学习

校园里存在着一个学习效能的金字塔形常态分布，处于金字塔最顶端的是“自主型学生”，他们创造卓越、享受学习并且有很好的情商表现，往下依次是“进取型学生”“机械型学生”“被动型学生”和“厌学型学生”，顾名思义就知道大体分别是怎样的状况。初入小学，孩子们大部分是机械型学生，他们还不知道什么叫学校学习，怎样算是好的课堂学习，怎样完成家庭作业，诸如此类的细微事情，实际上就是一个培养对学习的感觉的过程。用不了太久，他们的认知中，学习的实际含义就会变得具象。一个孩子认为，一回家先打开书包做作业，趁热打铁快速完成，然后再做别的事，这是学习。他心目中的学习是自己生活中要快速完成的事情。另一个孩子认为，一回家先吃点东西，玩一下玩具(跟玩具分别一天了），然后吃晚饭，接着在父母的授意下做作业，做了之后给父母看，然后获得评价，这是学习。他心目中的学习是一件他参与的重要的事情。这两种孩子对学习的内在感知是不一样的，实际上别人看到的是这两个孩子对学习的态度不一样。

几乎每一个家庭的孩子，其认知中“学习”这个行为都会有不一样的含义。成年人以为学习就是学习，细加推敲，学习在不同人身上具有不一样的生活画面。家长期望自己的孩子心目中的学习是一种怎样的生活画面呢？这需要家长在孩子刚入学的那一天起，帮助孩子做出最合适的行为来选择相应的生活画面。你不帮他选择，孩子自然会在家庭行为模式的影响下，顺着以往的快乐原则选择，他们不是故意的，但他们确实把自己选择成了自己。这个过程中的机遇和风险不言而喻。

三、小学前半期帮助孩子赢得学习

学习中的成就感，并不是一定要靠考试分数的排名来获得的。现在学校已经淡化排名，主要是考虑到对部分排名落后学生的负面影响，实际上生活中的排名现象永远存在。小学一二年级的孩子，也已经体会到生活中的排名，一次作业下来，同桌得了一个五角星，自己没有得到五角星，孩子就羡慕同桌的五角星；反过来，同桌没有得到五角星，自己得到了五角星，孩子就很满意——是对自己的满意。将来他们才明白，这种满意叫成就感。随着年龄的增长，成就感会越加丰富起来，不仅仅是在与人比较中获得成就感，实现目标也能带来成就感，自我完善也能带来成就感。无论怎样，成就感来自自我实现。

心理学研究发现，当人们某种需要获得满足之后，不是放弃这种需要，而是会加强这种需要。喜欢抽烟的人，抽一支就满足了吗？不一会儿，又想抽一支。喜欢玩电脑游戏的人，玩了一下午了，满足了吗？晚上又想玩了。有些家长喜欢给孩子玩一会儿游戏，以换取孩子认真完成作业。最终他们都会失败：完成作业并没有建立起满足感，满足感建立在电脑游戏上；以后孩子会尽可能快速地完成作业，尽可能认真地玩电脑游戏。家长们以为这是孩子的问题，前来寻求心理疏导，实际是他们自己造成的。

家长们可能想要孩子创造卓越学业成就，将来考入名校，未来成就惊世伟业，这个叫梦想。不能拿梦想的标杆来衡量当下的孩子。父母要从孩子的现状和实际出发，来衡量孩子当下的学习及其效能，并施以援手，孩子们就可能在实际行动中体验到“我能行”的个人控制感和获得成果的成就感。这种成就感提供个人满意的效果，孩子们需要这种个人满意来保持和发展他们的学习行为，充实和增强他们的学习动力。但孩子毕竟还小，有些事情做起来费劲，比如写字。原本写字只是一个初始的要求，一年级时，孩子受限于手指肌肉的发育和握笔姿势等因素，写出来的字难看在情理之中，何况原本老师并不是把练字作为目的，而是作为认字的辅助方法，并且逐步培养孩子们的写字能力。如果家长以必须把字形写得达到某个好看的程度为标准来要求孩子，并在练习的过程中采取“惩戒”措施——不少家长会反复用橡皮擦掉孩子的作业要求重写，甚至有些家长因为恼火而撕掉孩子的作业本——这样看起来家长很负责任，实际上他们可能正在损害孩子的学习积极性。这个度的把握非常重要，挑出几个写得明显难看的，手把手适度纠正，并赞赏孩子由此完成的学习过程。初入学校的孩子会觉得学习是一件自然而有意义的事情。

很多家长不会伸出援手，却热衷于做裁判来判定孩子的作业质量。作为成年人，会写几个字，并不值得在孩子面前耀武扬威，孩子不能对家长生气，他只能对学习生气。所以，当孩子进入学校，家长要明白不能让这么小的孩子独自面对学习这么重要的事情，在初入小学的头两年里，他们还需要父母提供必要的帮助。

四、小学一到三年级帮助孩子培养严谨学风

小学一二年级时，孩子们普遍需要父母施以援手，他们的回家作业通常也需要父母过目把关。好多父母把这个过目把关当作任务，以为是老师偷懒叫家长们代劳。实际上，这是符合这个年龄段孩子的比较合适的家庭学习方式，老师也期望在家长们的协助下，孩子们不仅学会学习，而且体会到学习的成就感。他们由此形成并保持对学习的良好感觉，他们就有可能更好面对以后的学习。

帮助孩子的同时，风险也存在，就是家长们担心孩子会养成学习依赖——他们习惯于依赖家长，以后怎么办？这里有一个最本质的区别，孩子们依赖于家长的什么？施以援手，不是替代，也不是强迫，更不是教导，而是陪伴——参与孩子的学习过程，孩子们在家长面前展示他们的学习过程，并因此获得家长的认可和赞赏，他们更乐于展示他们的学习过程。不断展示他们正确的行为，他们就形成了正确的行为习惯。压制和纠正错误行为，并不能换来正确行为。陪伴孩子的过程就是一个形成正确行为的过程，中间会有纠正失误的机会，那也应当是一个温和简单的过程，注意点不应当在错误行为上，而应当在正确行为上。父母能否做好这一点，看一个关键指标——父母的情绪。如果父母经

常处于生气和愤怒状态，说明他们只是在指责孩子的错误行为，孩子除了内疚和愤怒，没有收获感。一天到晚砸烂孩子的糟糕作品，却没有帮助孩子创造成功作品，其结果是不会再有作品。所以，给孩子的学习施以援手，其风险并不是形成依赖，而是父母的坏情绪所产生的负面影响力。

经过小学一二年级两年的学习，孩子们已经适应学习生活，并且具备了初步的学习能力。三年级，孩子们开始由童年走向少年，他们开始具备更强的自我认知能力和自我控制感，自我展示能力也快速增强。这个时候，父母要做的一件重要事情，是帮助和鼓励孩子自己为学习质量负责。最典型的家庭教育行为的改变是，家长不再帮助孩子检查作业质量，转而由孩子自己检查。鼓励孩子自己检查，鼓励孩子提高作业的一次成功率，是这个时期最重要的学习行为发展任务。让孩子自己检查并提高一次成功率，这将有助于孩子们为自己的学习质量负责，并形成严谨的学习风格。有家长问："怎么做呢？孩子不肯自己检查，怎么办？"问这样问题的家长，多半之前两年没有做好，或者做歪了。父母不用刻意做这件事，在陪伴中很自然地提出请孩子帮忙检查一下他自己的作业，家长只管签名即可。"帮妈妈检查一下你的作业，检查好了我签名"跟"从今天开始，你自己检查作业，我只管签名"是两句含义完全不一样的话。

无论怎样，三年级是一个分水岭，走向少年的孩子们倘若体会到学习中的自我控制能力和成就感，并且形成严谨的学习风格，就站上了一个新的人生台阶。也有可能缺乏自我控制能力和成就感，在学习行为能力上处于停滞徘徊的状态，他们就有可能在接下来的时间里，逐渐走向另一条路：学习效能下降。

五、小学前半期帮助孩子学会选择

小学阶段是童年走向少年的时期，孩子们喜欢在各个领域找到赢的感觉。也是在这个阶段，父母可能为了让孩子赢得更多先机，鼓励、督促或要求孩子们学习其他技能，最常见的有书画艺术类、音乐舞蹈类、体育运动类。这当然好，但是要注意两点：一是不可贪多，什么都要学；二是不可贪名，学习为了考级和比赛而丢了乐趣。熏陶是一个过程，这个过程原本可以使孩子们享受学习的乐趣，当变成另一场考试的时候，就失去了乐趣。

此外，还有一点需要家长们留意，那就是心理学称之为“替代性满足”的心理过程：当人们在某一个方面遭遇挫折，他们会在另一个方面找到满足感，从而补偿前一个方面的失意。这种替代性满足，可以让人们为自己开脱，并接受自己，这对维护人的自尊和自我满足是很重要的，否则人们可能活在自我怀疑中。但同时，也会有另一种隐忧——人们可能因此而放弃某一些方面，把它们列为自己人生中不重要的选项甚至是可以忽略的选项。这是一个合理化的过程，它同样可能发生在中小学生的学习过程中。当学业上的挑战带给孩子太多压力，他们可能产生对自己能力的怀疑，甚至产生对学习意义的怀疑。这个时候，如果在其他选项上孩子获得比较优势，替代性满足就会自然发生——“我记忆不行，背文言文老是弄错，可是我跆拳道行”——在班级里，这个孩子就拥有了心理上的群体归属地位。这样一来，他可以接受自己学习能力比别人差一点的事实。这个过程原本没有问题，可是父母却要求孩子在学业上必须赶超别人。父母的愿望和想法是好的，但是到了孩子身上，就存在着 3 种可能的情形。

情形一，孩子会从跆拳道上获得自我控制感和信心，转而对文化学习也找到自我控制感和信心，虽然辛苦，但他会坚持。他的学业成绩也会提上来。前提是，他真的在跆拳道上获得了自我控制感和自信心，而不是虚假的自我安慰式的替代性满足。所以，我们相信高明的跆拳道或是其他任何文体艺术类的老师，会在教学过程中帮助孩子体验生活道理，而不仅仅是传授技术。

情形二，孩子并没有在跆拳道学习中获得自我控制感和信心，面对父母提出的学业要求，他感觉到的是他聊以自慰的替代性满足也被撕裂。他可能会抗拒，并且对跆拳道也逐渐失去热情，开始转而寻求其他兴奋点——比如，换一种课外兴趣，或者沉迷于网络游戏。

情形三，孩子在跆拳道上是可以找到自我控制感和信心的，但是在文化课学习上很难找到，他开始放弃文化课学习，转而进一步关注跆拳道。这原本也可以，但需要父母转变态度，孩子的未来在跆拳道上，如何？观察发现，绝大部分父母不同意或者不甘心，于是，家庭教育和亲子关系陷入纠葛状态。最终孩子把跆拳道也放弃，开始对自己不满意并放弃自我控制，对自己听之任之。也有父母能够做到支持孩子选择跆拳道，降低文化课要求，并且愿意一起努力。这很可能是一条成功的道路。这个成功有两层含义，第一层含义是孩子可能在跆拳道事业上有所作为；第二层含义是孩子也可能在自我满足的过程中，在其他方面（包括文化课方面）获得新的可能性。这是一个培育的过程，父母能做的是支持和陪伴。

替代性满足是一个自然发生的心理过程，没有好坏之分。在孩子成长过程中，父母要帮助他们作出正确的选择。

案例 2－19 中的庄庄，在他读小学的时候，文化课成绩并不优秀，但是他的钢琴和摄影专长给他带来了他想要的面子和关注。这就是替代性满足带来的好处，同时也是坏处：他现在无法改善他的文化课学习效能，除非他对学习有了新的体验、新的认知。

六、小学后半期帮助孩子拓展视野

到了小学后半期，孩子们的阅读能力得到了比较大的发展。阅读，可以拓展孩子们的视野，让他们对这个世界的认知更加具有宽度和深度。遗憾的是，我们确实看到，目前有太多的孩子被剥夺了这个机会，他们被局限在校园围墙和校外补课机构之间，他们的时间被反复操练的“作业任务”挤满——不少孩子感到学习味同嚼蜡，那仿佛是一场体力搏击。学习是一个厚积薄发的过程，阅读的习惯和大量阅读的积累，对孩子的好处会从当下一直延续到很远的未来。但阅读不是靠像布置作业一样要求孩子去做的，它是一个引导和养成的过程。

首先，父母自己有没有阅读，家庭有没有读书行为？有一段时间，许多人批评指责中国人阅读量太少。确实，中国人多，不阅读的人是很多，但是阅读的人也很多。其实，中国并不缺少读书的文化传统。因此，不要埋怨别人，更不要埋怨国家。家长想要孩子有阅读的习惯，体会到阅读的收获感，可以自己先读起来。

其次，阅读也是一个由浅入深逐步发展的过程，从学龄前的婴幼儿语言练习到学龄早期的阅读引导，再到青少年时期的自主阅读，这是一个连续的过程，通常是在父母的阅读陪伴下形成的。其阅读方式还包括讲故事、听广播、看电视，甚至也包括旅游参观。父母参与其中的阅读和讨论，对孩子帮助最大。从绘本故事书的阅读，到经典文学作品的阅读，是一个养成过程，这个过程并不漫长，就十来年的时间。孩子们需要的是这种精神陪伴，这一点为人父母者要高度重视。

相比于那些因为缺少阅读而精神世界相对贫乏的学生，那些有良好阅读习惯和能力的学生，形成其他精神依赖成瘾行为的可能性要小很多，他们的思想和社会行为也更细腻，自我满意度更高。而那些阅读经验贫乏的学生，思想和行为可能比较粗糙，或者被称为没有思想。当然，这里说的是一种比较容易发生的倾向，而不是绝对，因为生活中的反思和内省，一样可以提高个人思想和行为的品质。

七、从小学到中学帮助孩子正向理解

校园生活免不了磕磕绊绊，老师既不是神仙也不是圣人，免不了也有疏忽的时候；同学更加不是木偶，个个活蹦乱跳的，免不了有个冲撞的时候。当遭遇一些小挫折、小冤枉，父母怎么办？这就要求父母有智慧，要让孩子有阳光的心态，就要让孩子关注阳光，而不是扮演受害者的角色。从小学到中学，随着孩子年龄的增长，对自己与周遭环境关系的理解，会成为他们自我感的一部分。世界上有更多阳光还是阴霾，取决于长期以来的态度。

任课老师责怪学生："这么简单的知识点也弄错，我讲了好多次，你都不上心啊？"顺手敲了一下孩子的脑门，说："不长记性！"这种情况虽然不能肯定地说是出于"信任和喜欢"，但也确实算不上体罚。结果家长要跟老师算账："你打我儿子干啥？"老师就会觉得小题大做。孩子喜欢老师，愿意帮老师撑个伞挡个太阳，他自己还觉得很骄傲呢。有人指责老师没有师德，叫小孩子为自己撑伞，世界就变得索然无味。有多少人习惯于用阴暗的眼光看待这个世界，跟这个世界较劲？那么，这些人可要小心了，他们的孩子可能正生活在自己的阴霾之下。帮助孩子正向理解生活中的人情世故，是最自然不过的一件事情。对于好多家长来说，做到这点也很难，因为这也正是他们自己所缺乏的能力。

八、少年时期帮助孩子理解自我

随着年龄的增长，孩子们的社会自我逐渐形成，这个过程通常是身不由己的：社会比较、失败与成功的体验、性别角色、同龄社群关系、家庭归属感、地区文化影响、学习带来的认知变化、对周边环境乃至更宽阔的历史地理环境的认知等，都逐渐使孩子意识到自己的社会属性，这种社会自我的感觉会变得清晰起来。他们开始给自己归类，并且表现出该类社会群体的行为特征。几乎每一个学生都能把自己归入某一种群体。这些群体具有某些典型性行为特征，看似边界模糊、概念模糊，但又实实在在地存在着，并且对群体中的个体产生比较深刻的影响。在一些孩子身上，这种影响甚至超过同时期父母对他们的影响。

和孩子始终保持沟通的父母，可以轻松发觉孩子把自己归于怎样一个同龄社群或社会人群阶层。帮助孩子更好地理解自我和社会群体的关系，有利于他们体认自我角色感，孩子把自己放在哪一个社会阶层或群体角色，他的发展方向就在哪里。目光所及之处，就是他的社会自我安身立命之处，而起点就在脚下所站之处——家庭。在少年时代，跟孩子讲一讲家庭历史，是很有必要的，能使孩子的自我感更完整，形成和发展家庭使命感。

帮助孩子理解自我，包含着对自我的接纳。不少孩子的主要挫折感来自由学业成绩而产生的社会比较，为此社会要求学校老师不公布成绩，言下之意别通过比较成绩来伤害孩子。这种认知比较粗浅。学校老师公布学习成绩，是对学生近期学习效能的检视，目的是让每一位参与者观察和发现自己。造成伤害的不是公布成绩，而是对成绩高低的态度。谁对成绩高低的比较最在意呢？主要是父母，这种社会比较的取向毫无掩饰地写在父母的脸上。父母是否允许并接受自己孩子做个幸福的普通人而不是天才，这是关键。伤害来自不切实际的贪欲，而不是老师公布考试成绩。不允许老师公布考试成绩对缓解学生学习压力作用不大。学校，当然要对学生学习能力和学业水平进行检测和排摸，否则每个人如何知道自己将来适合从事什么职业？问题的关键在于社会对不同职业持什么态度。这种态度，就在每一个普通人心中，当然也在每一位父母的心中。一个人想要社会公平，首先自己要对社会公平，消除自己的偏见；家长想要孩子快乐学习，就要首先接受孩子只是一个普通人，他的学业成就高低并不是全家幸福与否的关键。扪心自问："倘若我家孩子真的只是一个普通学生，未来也是一个普通劳动者，我们家就一辈子没有笑容了吗？"这是多么不公平的人生！

学校学习，主要是文化学习，文化是人类这个物种独有的工具，个人的生存和发展当然要掌握这个工具；而教育除了掌握文化工具，还包括对文化内容的理解，对自己和别人关系的理解。人类最初的社会化过程发生在家庭里，家庭永远具有重要的教育责任和教育作用。用现代心理学诸多理论来研究对照，中国古代先贤对家庭教育的阐述是科学的。一部《弟子规》写得清清楚楚，其开头就写道：“首孝悌，次谨信。泛爱众，而亲仁。有余力，则学文。”——可惜的是，不少家庭为了“学文”顾不上“孝悌谨信”，更谈不上什么“爱众”和“亲仁”了。现在不少人让孩子读传统文化经典作品，在教孩子诵读《弟子规》，有用吗？基本有用，大体上是认识了一些汉字，知道了一些意思；但《弟子规》是家庭成员行为参考准则，做才是关键。那些生活实际中不做，而要求孩子背诵《弟子规》的说教者，其行为已经失“信”了。

帮助孩子理解自我，还包括了对人际关系的体认。体认是从家庭开始的。孩子理解自己是家庭的一部分，并且乐意接受和扮演好这个家庭角色；进而理解自己是社会不同社群的一部分，并且乐意接受和扮演好那些社会角色。这样的孩子在成长过程中不缺力量，他们的力量由内而发。

九、初中阶段帮助孩子树立目标

在九年义务教育阶段，我国中小学教育普遍实行的是平行班教学，少有分层教学。在一个平行班中，孩子们的学习能力和学业水平有高低快慢的差异，随着年级增长，这种差异日趋明显。孩子们的学习能力和学业成绩在平行班中逐渐自然分层，呈正态分布，这是一种正常的现象。家长和孩子对这种正态分布的态度是不一样的。在一个班级里，学业成绩不好的孩子与学业成绩好的孩子很可能是好朋友，但有不少家长却把自己孩子跟别人区别看待，恨不得把人家拉下来换自己孩子上去。在这个上去下来的观念中，包含着孩子们不能接受的社会偏见。

每一个人都存在一个人生坐标，越走向成熟这个坐标越清晰。这个坐标横轴的左端是“身在何处”，即在环境中的现状；右端是“去往哪里”，即想要成为的样子；纵轴的下端是“我的弱项”，即短处；上端是“我的强项”，即长处。这个人生坐标与数学坐标的不同在于，它的原点是可以移动的——在人生坐标中，我们唯一能控制的变量是我们自己。最合理的选择是横轴不断往下移动，让自己的弱项变小，强项变大；纵轴向右移动，让自己在环境中的现状有更大选择区域而不断靠近理想。反过来，会比较糟糕：优势逐渐失去而颓势越加明显，目标渐行渐远而选择区域越加局促。前者越来越自信，后者越来越不自信。

帮助孩子树立目标，并不是把别人当作目标去超越。把别人当目标，这是谁都会做的简单的方法，实际上就是时刻提醒孩子去追求排名，孩子可以抗拒这种排名，因为在他们心里可能真的认可那位目标同学确实比自己高出一筹，他们原本愿意欣赏自己的朋友，但在父母的排名压力下，他们变得无所适从，对那位同学的情感也可能变成羡慕、嫉妒、恨，从而失去欣赏的能力。这种排位赛，把人生误解成“上位竞争”，把“我要成功”变成“我不允许别人成功”；无论成功还是不成功，都缺乏自我满意度，这是很危险的。

帮助孩子树立目标，是自我超越并达成个人愿景。和孩子讨论完成一次比较满意的考试与应对一场并不满意的考试的不同感觉，鼓励孩子创造自我满足。这个过程是可以细节化的，落到实处的。一张卷子下来，无论分数高低，可以和孩子讨论，里面有多少不同性质的丢分，接下来怎么做才有利于提高今后的学习效能，这是鼓励孩子跟自己的感觉对话，寻找属于自己的那个突破口。这叫实现自我超越，只有落到实处的鼓励和建议才是有效的，那些超越别人的口号和标杆，往往令人生厌或感到空洞无力。和孩子讨论，意味着父母要听取孩子的意见和想法，不是单向灌输和教导；不要以虚假的民主讨论来行使权力压迫。虽然这是一种比较细微的区别，但两者的效果差别很大，只要用心感受，每位家长都能做到。

十、青春期帮助孩子青春自护

当优美的音乐响起，你是否还固守陈旧的思维？当生命的春天绽放，怎么可能无动于衷？所以，青春期的孩子们很忙，他们一方面忙于应对学习，一方面忙于探索生命。那是一种生命能量的勃发，孩子们开始知道并逐渐体验和形成性别差异带来的自我感。青春期原本是人生最美妙的阶段，却被说成了最恐惧困惑的时期。面对孩子青春期的到来，很多父母或手足无措，或无所作为，或作为过头，实际上很多父母自己的焦虑，致使他们把孩子在青春期的正常发展理解成"青春期叛逆"。

如果父母能够帮助孩子，使孩子在青春期有所收获，这将是孩子人生一大幸事。如果能将青春期的好奇、冲动、能量，与环境的对撞、冲突和妥协转换成思想，进而形成对自己行为的掌控和情绪的管理能力，孩子会拥有一个风清气爽的生命春天；如果青春期的好奇、冲动和能量变成一场对环境的抗争，行为受制于失控的情绪，那么孩子会经历一个暴风骤雨的青春期。关键在父母，而不是孩子。

随着青春期的到来，孩子们对社会问题和社会现象产生兴趣，好奇心和独立感的召唤可能驱使孩子们更愿意尝试社会探索，包括独自外出，独立参与社会活动，一个人行走在人群中而不用听从父母的安排，可以自由决定而不是跟随父母，这对他们来说是高满意度的事情，这些都是青春期必需的早期成年演练。父母和孩子的交流不能再只有学习了，饭桌交谈内容可以放弃部分学习内容，增加更多社会内容，在谈论各种社会现象、社会形态的过程中，孩子能学到必需的社会经验，我们把这个经验叫做“青春自护”——青春期孩子走出父母保护圈，走向社会的自我保护能力。

听取孩子对他所在同龄社群的评价，表达父母作为成年人对孩子同龄社群的重视和支持，这是聪明父母肯定要做好的事情。这样，孩子不用带着对父母的内疚感逃离家庭来参与同龄社群活动——那是一种心理能量的消耗；相反，当孩子带着家庭的支持和可以获得的参谋意见参与同龄社群活动的时候，他们是投入并且自豪的，这是一种心理能量的补充。

关键在于，父母是孩子信任的参谋吗？

十一、面对中高考帮助孩子自我调适

不要自定假设，以为孩子的世界里只有读书，好像也应该只有读书。即便真的只有读书，孩子也会有因为读书而情绪状态起伏波动的时候。孩子电话里说，这次考试没有考好，做父母的是听到“没考好”还是“这次没考好”？这预示着父母接下来的回应水平。如果父母知道孩子最近的或者长期以来的学业状态，知道孩子正走在哪个阶段，父母就会听到“这次没考好”并且理解这句话所包含的诸多信息。

父母就会从比较宽广的视野来安慰孩子，启发孩子自我调适，这是可以传递力量的沟通。如果父母恐惧未来或者对孩子有疑惑，他可能听到的是“没考好”，预示着可能会有另一番回应：质量好一些的说不要紧，质量差一些的婉转地指出孩子之前没有做好充分准备，质量再差一些的，当然是情绪化地指责，然后自己饭也吃不下。

帮助孩子学会调适，需要父母自身的能量。好多父母试图控制未来，使得爱孩子成为一种能量消耗战而不是加油站。他们通常没有能力帮助孩子实现自我调适，或者提供了错误的解决方案，甚至增加孩子的压力。这份能量的基础来自父母的正确站位，他们的人生姿态基本决定了他们爱的能量是消耗还是增加。

“既以与人，己愈多”，这是爱这种能量的特别之处。

帮助孩子学会调适，不仅仅是调适其情绪问题，还包括学会调适自己的位置和方向，让孩子懂得把自己放在同龄社群中一个比较合适的位置，这样他会比较舒服，并且能更加无虑地投入学习生活。但是如果父母或周边环境为他指明的目标高于这个位置太多，孩子就无所适从，他需要调适自己的人生姿态，才可以找到舒适感。这个时候，需要父母帮一把：找到杠杆的支点，帮助孩子调整位置和方向。问题是，父母自己愿意调整方向吗？那个方向很可能是父母的要求，比如一定要考上某所示范性重点高中，否则就是失败。如果不能调好位置，父母就无法帮到孩子。大部分情况下，淡化一下既定目标，着眼于脚下有什么，找到落地的感觉，孩子才会有比较高的意愿、责任和信心。那些反复强调目标，以既定目标为导向，用尽各种资源和方法推动孩子朝目标努力的做法，让孩子执拗于当下，不敢向前迈进的可能性更高。

学会调适，是一个十分精细的自我修正过程。孩子们在处理学习与生活、效能与挑战、关系与距离、目标与现实、当下与未来等问题的过程中得到锻炼和成长。家长若能看到这些发生在孩子身上，孩子必须面对的问题，就有可能给孩子提供参谋意见和参考标杆，帮助孩子获得成长，走向成熟。

案例 2-20 中的小城，就是陷入了困局而一时无法实现自我调适，父母没有办法支持小城自我调适，寻求专业机构又出了一点偏差（父母确实无法确定到哪里寻求帮助会更好一些）。小城现状令人堪忧，也在情理之中。家庭教育指导工作者只要有能力帮助小城和他的父母看见自己，就像给他们一面镜子，自己看见自己的问题和真相，他们就会做出比较适切的调适行为。

十二、高中阶段帮助孩子学会放弃

随着年龄的增长，进入高中的孩子开始感觉到自己以往生活中，有些事情、有些人、有些机会，食之无味，弃之可惜；也有一些事、一些人、一些机会越加有意义。这个年龄段学会放弃也很重要。把那些食之无味、弃之可惜的人、事、物轻松放下，轻装上阵，对高中生非常重要。这种放下是不再执着于过去，而是着眼于未来的自由选择，由此他们开始体验到人生自主的意义。可以这样理解自主：自由选择和明确主张。人格心理学的研究早就发现，当人们真的获得自由，需要自己承担责任的时候，往往是焦虑的。这个焦虑水平的高低，标志着自主能力的高低。家长想让孩子学会选择，敢于承担责任，获得更多自主性的满足感；还是想让孩子放弃选择，随波逐流，让环境承担决策责任，获得作为追随者的安全感？这不是通过举手表决的，而是通过实际生活，用行为作出的选择。

帮助孩子学会放弃，是支持孩子学会自主的重要路径。放弃什么呢？除了放弃一些“鸡肋”的事情，把自己从时间消耗中解放出来，由被时间控制转为控制时间，还要学会放弃一些造成自我妨碍的情绪因子，走出被情绪控制的陷阱。

第一种放弃比较好理解，也比较容易做到。比如放弃未必要坚持的某项课外学习，放弃一些未必要参加的竞赛，放弃看起来很有意义的粉丝团活动，放弃看起来不可错失的某某一对一学科辅导……放弃并不意味着丢弃，而是让生活换一种样子：放弃某项课外学习，比如孩子不学钢琴了，不等于要丢掉钢琴技能，不是为了考级，生活中也可以尝试着自己弹一首曲子。大部分孩子学钢琴，不是为了成为钢琴家，也不是为了成为考级家。那么是为了什么呢？放弃粉丝团活动，并不等于不能欣赏歌曲了，加入粉丝团是为了什么呢？牺牲自己、成就别人应该有更丰富的内涵，不是吗？帮助孩子作出对自己正确的选择，把时间掌握在自己手里，对他们十分重要，尤其是进入高中阶段以后。

第二种放弃不太好理解，也不容易做到。我们的行为经常受情绪左右，而情绪来自我们的认知，认知在一定程度上又来自对行为的解释。这是一个怪圈，被圈在里面的人好像在陷阱里兜兜转。比如，一个孩子因为不愿意被认为和某同学一样，他可能会刻意放弃部分自我，寻求新的行为方式，以表明自己和那位同学不一样。这个行为过程可能充满挑战并且隐藏危机，因为他要放弃的部分，可能正是他自己成功的部分，新的行为方式未必带来好的结果，于是他就掉入了自我消耗的行为陷阱中。这个陷阱是由情绪挖的——绝大部分人不愿意某个人跟自己一个样子，那是一种被冒犯的感觉。在学生中，发生这种事情的概率并不小，会严重干扰孩子的学习。为了摆脱这种感觉，当事人必须赶走对方或者自己改换路径，这仿佛是受自然法则支配的行为反应。这种自动的反应未经理性审判，是消耗能量的受自我安全感策略支配的情绪性表达。经过理性审判，重新认知对方的行为方式及其与自己的相似与不相似，往往能发现事情的另一面，这个另一面可能就是真相——对方只是想跟上你的步伐，从别人那里取得经验是他的习惯，也是他的成功经验；对方跟自己只是相似而不是一样，别人说一样，只是自以为是的恭维或调侃。在这个真相基础上，还可以讨论另一个真相——双方的边界关系和所在群体与环境的边界关系，决定了双方是共赢关系，而不是对立关系。当认知发生了这些变化，情绪就会变得积极起来，行为就是真正自主的，而不是情绪性的反应。在这个过程中，孩子学会了放弃执着，放下情绪妨碍。

案例 2 - 20 中的小城，在理解学校老师的收缴手机行为时，出现了偏差。因为隔壁班级的班主任并没有这样坚决执行，因为跟老师沟通无效，所以认定自己班主任就是一个不公平、不相信学生、不听学生抗辩、顽固、自以为是、虚伪、令人讨厌的中年油腻男人。所以，他不想回学校，主要原因是他不想见到这个老师，他以不去学校作为一种宣战的方式。咨询中，真正需要改变的是他这种拿自己当炮灰的攻击方式，这是不理智的。小城需要学会放弃一部分旧的自我，塑造一个新的自我，这是一种成长，家庭教育指导工作者要鼓励他勇敢面对、勇敢成长。

十三、走向成年时帮助孩子学会担当

光有放下还不够，人生还需要拿起一些东西。到了高中，孩子会越发明白这个道理。青年学生们要学会担当，这个担当包含了对这个道理的体会。

中国人的生命情感被浓缩在这句话中：格物致知，诚意正心，修身齐家治国平天下。“格物致知”是孩子们正在身体力行的学习过程，“诚意正心”是孩子在父母陪伴下的精神成长；“格物致知，诚意正心”的意义和目的是“修身齐家治国平天下”，就是为自己担当，为家庭担当，为社会担当，为国家、民族和人类担当。这是一种人生情怀和格局的选择。如果以前年龄还小而不用考虑，到了高中是要好好考虑一下的——为了什么而读书？

这是一个包容的时代，为了什么而读书都可以。为了找工作而读书，天经地义，没人质疑。为了兴趣爱好而读书，有个性，没人嘲笑。为了实现自我价值而读书，有气质，没人打压。为中华之崛起而读书，有胸怀，没人反对。但是假如孩子遇到他人的质疑、嘲笑或者打压，他们敢于坚持吗？

这是一个伟大的时代，历史上每一个伟大的时代都需要有伟大的人民来叩响历史的钟声，那是人类文明的福音。积极心理学的研究发现，幸福的根基来自赋予目标以意义感。我们要想帮孩子找到艰苦读书的幸福感，就要帮助孩子找到创造学业成绩的意义感——是修身、齐家、治国，还是平天下呢？能不能找到，可能多半取决于为人父母者自己心中那杆秤。

案例 2－21

你的孩子缺乏责任感

一个家长预约家庭教育咨询，说自己女儿初三了，最近一个月以来，不肯去学校。说女儿都已经是大姑娘了，还这么不懂事，作业拖拉，懒散；现在又不肯读书，成天躲在家里，还不修边幅，对自己没有要求……也不怕难为情，都这么大的姑娘了，个子比父母还高，竟然不刷牙，洗澡也要偷懒不洗；非得父母反复提醒，还叫父母别多管闲事。以前可不是这样的，小时候很机灵、很可爱的。父母一直跟她说，要是现在不读书，待在家里，以后可怎么办？说了这些，还是没用。这到底是怎么回事？

咨询老师脱口而出："你的女儿缺少一种当代青少年该有的情怀。"

妈妈愣在那里好一会儿："您是说我女儿自私，胸无大志？"

咨询老师："你觉得呢？如果中国年轻一代都像她这样只打着自己的小算盘，活在自己的小情绪里，看不见门前三步路，这个社会要怎么办？这话，你可以回去告诉你的女儿。"

妈妈："我懂你的意思，老师。我们确实疏忽了教育，我们家格局太小。唉，尤其我那个老公……"

这个妈妈是个聪明人，却有点不幸运，她一时半会儿改变不了太多。但是，只要意识到了，敢于行动，总会有变化的可能。

第三章

预防和应对孩子的自我妨碍和自我伤害行为

有三类青少年学生的行为让家长们痛苦万分——使人震惊的自杀行为，令人惶恐的自我伤害行为，叫人无奈以至于愤怒的自我妨碍行为。自杀和自我伤害毕竟还属于少数，有自我妨碍行为的学生很普遍地存在，而且比较隐蔽，还经常被误解。经过中小学几年的学习生活之后，面对学习还能够自信满满的学生，比大部分人想象的要少，对学习还能保持良好感觉的学生更少。这是什么原因导致的？家庭教育如何避免孩子掉入自我伤害和自我妨碍的陷阱？这是本章要讨论的内容。

第一节　青少年的自我伤害和自杀行为

案例 3-1

这些孩子怎么了？

(1) 2020 年，扬州一名 14 岁男孩，早晨上学前因作业没有写完，被妈妈骂了几句，并把男孩的作业本撕掉。随后，母亲刚转身出门，男孩从 31 楼跳下，酿成悲剧。

(2) 2020 年，武汉一名 14 岁男孩，被母亲在学校当众扇了耳光后，看了一眼母亲离去的方向，从 5 楼跳下身亡。

(3) 2020 年，上海一名 15 岁女生，父母早年离异，父母复婚的计划遭到外婆极力反对，之后女孩在学校跳楼身亡。

(4) 2019 年，上海一名 17 岁男孩，在大桥上从愤怒的母亲车里跑出来，跳下大桥身亡。

(5) 上海某校 16 岁初中女生小英，在学校里和一个男生恋爱，分手后上课无法集中注意力，经常感到伤心，情绪无常，经常撕扯自己头发，用钢尺划伤自己手臂，逮着谁就骂谁。后来又不肯上学，家长请班主任和同学多次找她交流感情，希望帮助她走出思想的困境，都被她拒绝。

诸如此类的案例不胜枚举，这些孩子到底怎么了？原本都好好的，为什么要自杀，为什么伤害自己，为什么逃学，为什么情绪失控？理解这些问题，对于我们做好家庭教育指导工作是相当重要的。这些案例中的孩子可以分为3类，前面4起事件是自杀行为，但从青少年学生的特殊性和事件发生的场景要素来说，孩子们的这种自杀行为跟我们平时认为的自杀行为还是有一点区别，是有一些自性特征的，可以说这些自杀行为也是自我伤害行为——伤害到了自己的性命；第5个孩子的行为是自我伤害行为——非自杀性的自我伤害行为。

一、自杀是一种怎样的行为？

前4起事件都是自杀行为，但从场景来看，又不像是准备好了要自杀，除了第3个孩子，另外3个都是临时起意结束了自己的生命。很多人觉得自杀是一种匪夷所思的行为，特别是青少年自杀。人都有求生的本能，而我们的孩子，体能、智力接近人生顶峰的青少年，为什么选择这样的方式放弃他们的生命？我们从自杀的原因角度来寻找一下答案，再来讨论一下如何预防青少年自杀。

（一）了解自杀的原因

研究表明，90％死于自杀的人有精神健康疾患。如果孩子心理上有障碍，请家长一定要像对待生理疾病一样，寻求心理咨询和心理治疗。自杀并非一个原因造成，生理因素占 48％，另外还有以下风险因素，最后由一个诱因引发。自杀风险因素包括以下几种。

（1）精神疾病，包括抑郁、行为障碍以及滥用药物导致的精神疾病。

（2）不健康的家庭关系，比如持续并经常存在冲突；生理、心理或性方面的虐待；其他家庭成员对上述情况过度容忍。

（3）情境危机，比如所爱的人突然过世、家庭暴力等。

（4）环境风险，比如家里有枪支，附近有车轨、高楼等。

（5）青少年自杀的诱因，常常是失望、失败、被拒绝等，比如和恋人分手，考试成绩不理想，或者家庭纠纷。

（6）求死的欲望。求死的欲望来自长期体验累赘感以及缺乏归属感。而这与孩子基本的心理需要、对成就感和亲密关系的需求正好相反。

(7) 缺乏归属感。家庭的支持和融洽的亲子关系，被列为提高青少年抗挫折能力的最重要因素，因为良好的家庭关系和亲子交流会增强孩子的归属感，温暖的家永远是孩子力量的源泉。同时，孩子有自己独特的个性、爱好和特长，需要父母多花心思去观察和了解，有爱和接纳，才能让他们亮出自己的色彩，找到成就感和价值。

(二) 预防青少年自杀

1. 关于自杀征兆

研究表明，自杀是可以预防的，其中一个关键步骤就是科普自杀征兆。50%—75%的人在自杀前有征兆，而这些征兆是最容易被熟悉他们的家人、朋友和老师察觉到的。这些征兆包括以下几点。

(1) 直接或间接地表示想自杀。

(2) 自杀遗书或计划。

(3) 以往的自杀尝试。

(4) 交代后事(如交代安葬，写遗书，或把珍贵的物品分发他人)。

(5) 沉迷于死亡的幻想中。

家庭教育指导服务，有必要把关于自杀的科普宣教内容作为一项专门工作来实施；更为关键的是，只有家长们在家庭建设、居家生活中正确实施了家庭教育，孩子们才不至于要用自杀这种极端方式来解决问题。更何况，那些问题在其他同龄人看来，可能不算问题。上述第1起事件中的男孩，被妈妈撕了作业本，劈头盖脸一顿骂，这对其他一些孩子而言可能不算什么严重的事。

那个被妈妈当众打了耳光继而跳楼的男生，个子高出妈妈一大截，确实令人难堪，我们也不能再去研究孩子是否还有其他内心纠葛和痛苦。但设想一下，换成另一个孩子，可能也是妈妈打不还手、骂不还口，等妈妈走了，转头可能就对同学咆哮："看什么看？没见过老妈打儿子啊？她是我妈，懂吗？不信你打我一下试试看！"

因此，自杀的防范需要因人而异。案例中那几个孩子的自杀到底是冲动导致的，还是确实有了预兆，这需要家长细心发现。科普宣教的重要性不容置疑。

2. 给孩子处理情绪的缓冲时间

青少年大脑的情绪调控和抗压机制还在建设中，冲动常占上风。青少年死亡的首位原因——意外事故，以及盲从造成的模仿自杀，都和这个年龄阶段大脑的发育特点息息相关。大脑成熟的顺序是从后向前的，这是脑神经被髓鞘包裹的过程。神经只有被髓鞘包裹好后，它的信号才能最快地传导到目的地。青少年时期记忆力、阅读理解、数学分析、运动等功能逐渐达到顶峰，但与其他脑叶相比，大脑的额叶最不成熟、信号传导性能最差，要到 25 岁左右才能完全发育成熟。而额叶却总管对危险和冒险的判断能力，控制冲动，计划和选择自己的行为，是大脑的总指挥。这是很多青少年情绪化、易怒、冲动、注意力不集中、做事欠条理、易受毒品或酒精的诱惑以及喜欢冒险的本质原因。

很多青少年试图自杀也是一时冲动。上述案例中的几个孩子基本都是这种冲动型的自我伤害行为导致身亡。成年人因为生活的阅历，更容易认同“塞翁失马，焉知非福”，但孩子一旦遇到失望和挫折，很容易看不到事情有转机的可能。家长应正视并理解青少年大脑发展水平，给予更多时间来理解和缓解情绪，减少冲动机率。

同时还需要注意以下几点。

（1）充足的睡眠。青少年需要每晚 8—10 个小时的睡眠时间，才能让大脑充分休息。充足的睡眠对孩子的身心健康至关重要。长期缺乏睡眠不只是影响专注力、记忆力等学习能力，更严重的是导致情绪调控困难。

（2）经常锻炼。每天保证至少 30 分钟的运动，不但提升睡眠质量，而且增加血清素的分泌，提高个人的幸福感，有效缓解压力，降低抑郁的概率。适当的体力活动对我们的身心健康都有益处。其实这两条对成年人也一样重要。

（3）改变信念，增强抗压、抗挫折和解决问题的能力。

很多家长在思考，为什么“50后”“60后”“70后”在艰苦的环境中长大，走过高压的成长之路，很少听说他们之中有人自杀，反而是年轻的一代，生活条件这么优越，怎么就这么多想不开的？每次一有自杀悲剧发生，家长才开始提醒孩子“不如意事常八九”。可是家长真的允许孩子去体验“不如意”和“失败”吗？相反，很多孩子生活在假象中：考试要得全A，竞赛要拿奖，大学要进名校……这样的情况下，一旦挫折来临，孩子们就会措手不及。

3. 允许孩子输并且输得起

研究表明，悲观的孩子会觉得无论自己如何努力，坏的结果总会出现，个人努力不会有用，遇到挑战性问题时更容易选择放弃。让孩子达到输得起的境界必经的途径就是经历并体验失败，这可能是最佳的学习机会。当然，让孩子敢于和相信自己能够赢的最佳途径是创造体验成功的机会。

自杀，是用一种永久的方法，去解决一个暂时的问题。上述案例中那位初三女生跳楼，相对另外几个案例来说，是有计划地结束自己生命的行为。她遇到的主要问题是外婆不同意妈妈和爸爸复婚。这原本并不是一件很难解决的事情，但是，在孩子心中可能是解决她长期以来心灵困扰的唯一途径，而且谁都不知道在父母离异这一段时间她经历了什么。孩子觉得没有未来了，对世界失去了信心和希望。

我们需要在日常生活中努力做到的，是帮助孩子调整对生活的态度，能意识到任何问题都可以找到解决的办法。治疗抑郁和焦虑的有效方法就是改变人错误的认知，帮助他们在困难挫折中看到希望，避免钻牛角尖，增强抗压和解决问题的能力。生活中发生的事件本身，比起孩子和家长如何看待这件事，几乎微不足道，个人对事件的诠释才是决定应对方式的关键。

心理学告诉我们，给孩子最好的礼物，就是教他们热爱挑战，不畏错误，享受努力过程，学习上有恒心。所以，孩子正处在成长过程中，别忘记允许他们试错，有机会经历失败也不是一件坏事情；经历了失败，需要家长孩子一起来分析和讨论，事情失败不能变成人生挫折，这样才能增强孩子对挫折的免疫力。在自己努力做到最好的同时，可以接受自身力量有限的事实，才能更从容地面对结果；在意外到来时可以想到，很多事情的发生是在自己的控制能力以外的，不把时间浪费在怨天尤人上，才能踏实地面对新的挑战。学习过“输”，将来才能输得起。

4. 引导孩子服务他人，培养责任感和使命感

曾经有位家长提出一个很好的问题：父母没有给孩子压力，但孩子从同学那里感到压力怎么办？答案是帮他们开阔眼界，通过责任找到自我以外的价值。“对生活的满足

感、自尊和使命感”是自杀防御机制中必不可少的一项。美国有一句俗话这样说:“如果你只是想开心一个小时,去打个盹;如果你想开心一天,去做一件你爱的事(比如钓鱼、踢足球、读书等);如果你想一辈子都开心,请去帮助别人。”帮助别人、服务社区,是增强青少年价值感和归属感的最佳途径。有很多学生需要照顾家人,或在医院做义工等。他们的生命,超越了自己,有更大的意义。这样的孩子,就算生活中遇到挫折,这么多的责任和牵挂也会帮他想得更远。如果孩子只是为了成绩而学习,为了受人欢迎而社交,那压力一定很大;可如果孩子看到自己现在的课业、活动、朋友等与社区、社会及自己将来目标的关系,那压力也会成为动力。今天我们要求中学生有不少于规定时间的社区公益和职业体验活动,其意义就在于此。

二、了解青少年自我伤害行为

自我伤害行为(self-harm, SH)是人们通常在经历强烈情感苦痛之后刻意伤害自己身体的行为,借此宣泄内心的不良情绪,属于一种情绪调节行为;它属于一种本能的行为,并且是没有死亡动机的伤害自身的行为。对青少年自我伤害行为的统计研究发现:青少年自我伤害行为的发生率、原因及自我伤害方式存在性别差异。女生自我伤害发生率明显高于男生；男生自我伤害行为的主要原因有自我评价低、有自杀想法、家人朋友的自我伤害行为、父母不和及滥用药物等；而女生则与焦虑、抑郁、父母离异、滥用酒精和性虐待等有关。青少年自我伤害行为一般在 12—16 岁最为常见。12 岁是自我伤害行为发生的警戒线，自我伤害发生率为 3%左右，但到 15 岁时自我伤害发生率已高达 13%，美国的研究数据提示 16 岁是青少年自我伤害发生率的高峰期。

显然，上述案例中小英的行为属于自我伤害。和早恋男友分手，是否就是造成自我伤害行为的原因呢？如果事情就这么简单，家庭教育指导工作者的工作就太好做了。可以这样说，和男友分手是一个原因，或者说这是一个诱因。每一个像小英一样自我伤害的孩子身上，都发生着由多因素综合效应开启的生命情感故事。这个道理可以这样理解：每一个结果都不是单一因素导致的，而是多个因素在某种力量的聚合下导致的，这个某种力量就是缘，光有因没有缘不会产生果。换作另一个女生，和早恋男友分手了，可能上去就是一巴掌，然后什么事也没有，继续读自己的书，找自己的朋友，活自己的人生。

今天，很多关于青少年自我伤害行为的研究，都是相关性的研究，相关性不等于因果关系。但这些相关性，可以给我们的家庭教育提供有价值的参考和启发。

（一）青少年自我伤害行为的影响因素

研究发现，青少年之所以会出现自我伤害问题，和自身因素及环境因素有密切关联。

1. 个性因素

个性的形成和生活环境、社会环境有很大的关联，它决定了个人对生活事件和环境遭遇的反应。自我感不足、外控的性格特征容易诱发自我伤害事件；容易焦虑、偏执和对社会不满的性格特征可以增加这类事件发生的概率。上述案例中的小英就是一个以自我为中心的具有悲情浪漫主义色彩的女生，她日常生活的总基调是向别人索取重视和关注，小小的男朋友扛不住她的情绪性纠缠而选择了逃跑。这一逃跑，加剧了小英的莫名愤怒和自怨自艾，确实是促成小英自我伤害行为的重要因素，但根本的因素是小英自身的性格特征以及小英的其他心理经历。

2. 心理失常

由于青少年正处于成长发育的阶段，各项生理指标都在发生着变化，心理素质也随之变化。由于青少年心理稳定性差，缺乏适应社会环境的能力，在出现压力的时候，容易产生心理失常。这也是出现自我伤害行为的重要原因。当心理失常无法得到解决的时候可能导致心理障碍，对行为不能进行有效控制。从这个角度来理解，自我伤害就是青少年传达求助信息的一种方式，希望引起人们的关注和理解，属于一种情绪调节的行为。上述案例中小英父母做生意，小英从小在外婆家长大，很少和父母相处；在小英还是小学生的时候，父母安排她寄宿在其就读的某民办小学的一个老师家里；初中以后，父母在小英就读的学校附近买了套房子，由爷爷奶奶照顾起居生活，双休日父母公司的司机会来家里接小英去参加补课班或者去200千米外的自己家，星期天晚上司机再送回来。很多时候，小英不愿意去，宁愿叫爷爷奶奶回去，她一个人待在家里。小英的自我感和亲缘关系与大部分同学不一样，这是她形成今天的性格特征和心理状态的重要因素，也是她在当下行为失衡的心理基础。

3. 滥用药物和成瘾行为

滥用药物或者不良的生活习惯容易使青少年产生自我伤害的行为。例如酗酒和吸食毒品等可以使青少年自我伤害事件的发生概率大大增加。这是因为一方面滥用药物或者不良的生活习惯让这些人形成了心理障碍，另一方面，在酒精或毒品的作用下，思想意识发生变化，导致该类事件的发生。上述案例中小英曾经在同龄聚会中喝醉过两次，不过总体情况还可以，没有酗酒行为，更没有涉及毒品和药物依赖。

4. 童年创伤经历

目前的研究表明，在童年时期遭受过心理创伤的青少年，未来的发展将受到一定的影响。和其他儿童比较，童年的不幸福是导致青少年自我伤害的一个重要因素。另外，其他的研究发现，对于女性患者，如果在童年时期受过性侵犯，那么出现该类事件的概率将大大增加。从基本物质层面来说，上述案例中的小英童年时代衣食无忧，基本没有创伤经历。只是跟父母的交流相处比一般孩子少。

5. 家庭因素

家庭对于青少年的健康成长是至关重要的，可以让青少年形成健康的价值观和世界观，因此青少年行为与家庭关系的联系非常密切。如果家庭关系紧张，容易使青少年产生心理问题，导致自我伤害事件的发生。而且研究发现，家族中发生过自我伤害事件的成员，其后代出现该事件的概率较高。上述案例中小英的家庭人际关系有点麻烦，她跟妈妈比较亲近，很反感父亲的教导和父亲的行为。她把父亲比作一个虚伪的暴君，根本不懂亲情，还很自以为是。小英的父亲也一直觉得小英不懂事，比读幼儿园的妹妹都不如(妹妹正读幼儿园大班)，显然父亲好像更喜欢小女儿。其实父亲不是不喜欢大女儿，而是不喜欢甚至讨厌大女儿的挑战性态度，他在大女儿面前得不到尊重。父亲一直指责大女儿辜负了他的爱和付出，他认为自己生意刚刚做起来的时候，就精心为大女儿做了周密安排，小学到杭州读书，中学到上海读书……可是女儿根本不懂感恩。

6. 学校因素

学校是青少年成长的重要环境。国外研究发现，青少年在学校生活中会出现很多问题，例如和同学不能友好相处、表现不好、压力过大、父母逼迫学习、未来方向不明确等都会导致这类事件的发生。而且之前的研究发现，青少年出现自我伤害行为的时间集中于星期一和星期天，可能是由对学习和考试的紧张导致。更多的实践观察发现，学校里影响学生行为的，除了同龄关系，师生关系也是很重要的一个因素。上述案例中小英在早恋问题上曾经跟班主任有冲突，班主任认为小英作为女孩子不懂得自爱，这样在学校里谈恋爱不但影响自己学习，还影响别人；所以，班主任打电话给小英的父亲，为此还引起父女两人大闹一场，小英挨了父亲一个巴掌。小英把这个巴掌记在班主任账上。现在，男朋友主动提出分手了，小英认为是班主任背后搞的动作，使得男孩子父母那边施加压力了。为此，小英特别恼火，觉得男孩子窝囊、班主任阴暗。

7. 负性生活事件

根据近年来的研究发现，负性生活事件可以引起心理反应导致自我伤害事件的发生。对于青少年来说，他们的心理发育并不完全，尤其在面对困难且缺少帮助的时候会非常焦虑，会采用极端的方式来保护自己，抵抗不良的情绪。尤其是不良情绪太多的时候，情绪就会变化无常，进而导致自我伤害事件的发生。上述案例中小英的负性生活事件也没什么，就是谈恋爱分手这件事，实际上并不是男朋友有多重要，而是丢了男朋友这件事动了小英生命情感中的奶酪。

（二）家庭如何避免孩子自我伤害

从上述案例中小英的自我伤害行为的分析中，我们可以感觉到在小英的内心有一股无名的愤怒在作祟。这一股无名的愤怒的力量是如此之强烈，同时又被另一种良知的力量所压制，小英不会去自杀，也不懂得如何去原谅别人或原谅自己，她的自我伤害行为，就是在发泄这股力量。

在出现小英这样的自我伤害行为的情况下，家庭自己解决问题的能力普遍不足，因为问题的根源往往就在家庭中。所以，最佳办法是尽早寻求专业机构的援助。这个援助不仅仅是传统意义上的对小英的治疗行为，而是需要面对小英深层次问题的家庭调适，需要进行综合性的心理疏导。

防范于未然永远比紧急干预更重要，家庭教育要对此有所防范。我们提倡家庭、学校和社会都要重视和开展生命教育，这是让孩子们健康成长的重要教育举措。

所谓的生命教育就是一种帮助孩子认识生命、珍惜生命、敬畏生命，以引导学生正确理解生命的意义，提升学生的精神生命为目的的教育活动，它帮助孩子发自内心地感恩和珍惜一切生命，树立正确的人生观、世界观和价值观。今天还有不少人崇尚“批评教育”和“棍棒教育”，其教育理念是围绕提高学科分数来开展教育，忽视了对生命价值、死亡意义的思考，让生命教育在学校里一直处于空白状态。

案例 3－2

网上流传的生命教育

网传日本某高中为学生们专门开设了一门为期半年的生命教育课程，已经有 60 多年的历史了。我们不考证这个消息的真实性和具体内容，我们在这里仅将它作为一个讨论的出发点。

消息称，该校学生会在老师的指导下，挑选属于自己的鸡蛋宝宝，做好标记之后，亲手将自己领到的鸡蛋放到专门的孵化器中。接下来，他们一起等待小鸡的孵化。等到小鸡们都破壳而出的时候，学生们亲眼见证了一个小生命的诞生，都十分惊喜。这样，每个学生就从拥有一个鸡蛋，变成拥有一只小鸡。毛茸茸的小鸡让学生们爱不释手，他们每天都按时给小鸡喂食、喂水，打扫鸡舍，仿佛养了一只小宠物，生怕它出现一点意外。在学生们的细心饲养下，小鸡也越长越大，他们朝夕相处，成为了生活中另类的“小伙伴”。半年之后，小鸡们都长大了，学生们不得不面对一个残忍的现实，就是要在老师的指导下，亲手杀掉自己一手养大的小鸡，再制作成料理吃掉。

当老师开始示范杀鸡的时候，底下围观的孩子们就哭成一片，反复说着：“对不起，对不起。”面对这些亲手养大的小鸡做成的食物，很多学生都红了眼眶。但老师告诉学生们，无论是哪种食物，它们都经历了生长、死亡的过程，我们能做的就是珍惜食物、感恩自然、体会生命的意义。

网络上对这所日本高中这样的课程设置出现了两极化

的评论，一部分人认为太过残忍，会伤害孩子的心灵和感情；而另一部分人则认为这是帮助孩子了解真实的生活，明白自然的规律，理解每一个生命独一无二的价值，从而更好地看待生活，珍视生命。

其实，这是对生命真相的体验式教育，中间也包含着孩子们必须要面对的情感处理问题。这是对生命意义的探究，一只鸡的生命意义主要在于构成食物链中的一环，它死得其所。那么人呢？这是生命教育中必须要面对和回答的问题，人怎样生得有意义，又死得其所呢？这就是文化的魅力了，把这个教育案例放到中国来，老师一定会带领孩子进一步观察、讨论、思辨人如何生得有意义、死得其所。这中间，自然包含对死亡的理解，可以称之为死亡教育。死亡教育的缺失，导致很多人对死有着很深的误解。人类死亡，不仅仅是生理生命消失这么简单，因为人类生命中背负着很深的情感、道义、责任和意义，我们称之为"人性的光辉"。所以，真正的生命教育主要是关于人性的教育，就是很多人耳熟能详却未必真正重视的成人教育——成为一个人——人的人生观、世界观、价值观的教育。本丛书中的《家庭文化与家庭教育》对这方面内容进行了集中介绍，在其他各分册中也有不同程度的侧面介绍。

第二节　辨识和应对孩子的自我妨碍行为

太多的年轻人在蹉跎他们的岁月，太多的中小学生在厌学中挣扎。他们中有很大一部分不是故意的，而是下意识地成为了今天的自己。心理学研究发现，在孩子们成长过程中存在着一些陷阱。

既然是陷阱，那么一旦陷进去，想出来就困难了。

案例3－3

逃学的学霸

倩倩，上海某实验性高中高一女生，期中考试成绩班级第一。能进入这所高中，又在班级中获得第一名，倩倩无疑是人们常说的学霸。可是，倩倩在期中考试过了两周之后开始逃学（早上背了书包没有进校门，偷偷去附近商圈闲逛、泡咖啡馆、看电影），连续一个月没有正常上学。在家里，倩倩对母亲的脾气变得越来越大，一不顺心就摔东西、咆哮，有时候又一个人情绪低落。母亲担心孩子精神异常，要求孩子去医院看医生，倩倩去某医疗机构看了医生，被怀疑有双相情感障碍，需要进一步观察治疗。倩倩父亲知道了情况后，认为前妻（父母离异已经 4 年）是在胡闹，女儿不可能有精神问题，就是故意跟妈妈抬杠对着干（母女间的对抗由来已久），在父亲的介入下，倩倩跟着父亲来接受家庭教育咨询。

倩倩的这个情况，确实很容易被认为精神异常，这也是医生需要进一步观察治疗的原因。因为，倩倩只是通过自己查找网上信息，在向医生描述自己的情况时强调了符合双相情感障碍的情绪表现，过滤掉了其他事实。咨询发现，倩倩身上发生了“情感纠葛”的自我妨碍行为。

自我妨碍是一组让自己停滞不前的防御性行为，主要有“情感纠葛”“习得性无助”“僵固式思维”和“不能分离的爱”。它们的共同特征是有一个“不是我不想前进，而是我没办法”的下意识的心理机制。这个心理机制通过给自己设置一些障碍，妨碍自己前进的步伐，当结果不如人意的时候，自己更能接受。这是一个合理化的过程，自我妨碍让人活得不幸福，但也“心安理得”。

一、情感纠葛

人们常说家是心所在的地方，可是，心是什么呢？心，就是情感呀。有时候，情感的纠葛，可能导致家变成心所困的地方。前述案例“逃学的学霸”，在咨询中发现，倩倩逃学的直接原因或者叫诱发因素是同寝室的群体中出现了可怕的群体惩罚行为（这是一个社会心理学的概念，在群体中会出现一种一直针对单个成员的排除性行为）——同寝室 6 个女生，另外 5 个一致将倩倩排除在集体行动之外：课余生活中倩倩一个人，去食堂吃饭没人搭理她，寝室生活中被孤立，寝室话语中没有她的份，冷嘲热讽的对象也始终是她……

实际上，倩倩在寝室中遭遇的，是一种微妙的校园霸凌，可以叫作精神霸凌。祸起于她期中考试考了全班第一名。倩倩不是逃学，而是逃人。这原本是倩倩要去面对和解决的生活中的情感困惑和人际困扰，但倩倩显然缺乏这方面的能力。我们称这种能力为社会和情感能力。她需要帮助，倩倩的父母恰恰不能提供帮助。倩倩的家庭生活已经让她在社会和情感能力方面变得比较弱，这与她父母的关系状态和她妈妈外强中干、粗枝大叶的性格关系密切。在自己没有能力应对未来的时候，被医生诊断为双相情感障碍恰好可以是不用为自己负责的最好理由。咨询中发现，倩倩还为自己不去上学找了另一个理由：保护自己的继承权。现在，倩倩又把注意焦点收回来，放在了父亲的第二任妻子身上，她要紧跟着这个女人，住到爸爸的房子里（那里有一间属于她的房间）看住这个女人，倩倩认为爸爸的房子是她的。这叫利益诉求，她认为房子比学习成绩重要。

倩倩的心灵世界已经被自己的这些情感纠葛牢牢控制，深陷泥潭而失去了应对生活和学习挑战的能力，她无法看清和解决自己所面对的问题，索性蹲下投降，很可能躺倒放弃。这实际上是社会和情感方面的溃败所致。社会和情感能力具体有哪些方面，如何培养孩子的社会和情感能力？详见本章第三小节内容。

二、习得性无助

案例3－4

“不思进取”的小林

小林今年初三，国庆节期间因跟妈妈吵架，父亲觉得儿子青春期叛逆厉害，便寻求家庭教育指导帮助，带着儿子来咨询。小林认为妈妈不讲道理，一定要他制定学习目标，至少考上普通高中。小林自己不想考高中，想去职校，他跟几个一起踢球的同学都约好了考同一所职校，进入职校后马上组建一支新的球队，参加比赛，首先要胜过该职校现在的那支球队。妈妈认为小林就是英语差一点，主要是贪玩，不肯花时间背书，导致成绩差，只要英语上去了，总分就一定能达到普通高中的分数线。小林为此很恼火，自己不是学英语的料，偏偏妈妈一定要说他是贪玩、不求上进。另外，小林坚持上职校，是因为他的球友在那里学汽车维修，告诉他职校生活很自由，而且学的东西实用，将来好找工作。小林妈妈更加恼火："谁要你找工作了？我们家不需要汽车修理工！我养得起你！你这个没出息的东西，就不能考个大学，干点大事情吗？"母子关系已经严重受损。

咨询中发现，小林的智力水平不错，学习英语从来没有成功过也是事实，与其说他对英语无感，不如说他害怕学英语。小林从小长得结实，从小喜欢踢足球、打篮球，现在是学校足球队主力队员。他跟妈妈的矛盾焦点在于双方的判断不同：妈妈认为小林是学习态度问题，只要改变一下，是可以创造更好成绩的；小林认为自己在学习上已经尽力了，不是学习态度的问题，自己的选择是正确的。在矛盾焦点之内他们没有看到母子二人的职业观不一样；在焦点之外，他们疏忽了另一件事情——小林面对英语确实是感到害怕的。

马丁·塞里格曼(Martin Seligman)是影响深远的著名行为心理学家。他认为,我们对能力和控制的知觉是从经验中习得的。他相信,当一个人控制特定事件的努力遭受多次失败后,他将停止这种尝试。如果这种情形出现得太过频繁,这个人就会把这种控制失败的知觉泛化到所有的情景中,甚至泛化到实际可以控制的情况。于是,个体开始感觉自己像一颗"命运的棋子"那样任人摆布,感到无助,进而抑郁。塞里格曼把这种抑郁的产生原因称为习得性无助。

小林的情况还不至于发展并蔓延至其他领域,他也不会抑郁;但是在英语这个领域,他确实觉得自己无力,已经认定自己不行。影响一个人成长的不会仅仅是一种心理机制,或许在小林刚刚接触英语并体验到挫败感的时候,由于他在体育方面的优势,给他创造了"替代性满足",使得他可以在英语糟糕的情况下,心安理得地学习和生活着。把塞里格曼的理论应用于该结果,重要的一点是要认识到:学生经历失败后所产生的应激可能导致更进一步的失败,并使他们索性放弃和停止尝试,换句话说,就是习得了无助感。同时,我们也必须认识到,习得性无助可能会发生在特定领域,而不一定泛化到生活的各个层面以至于变成一种个人特质。这一点,对于小林父母正确理解小林,并提供正确的家庭教育支持很重要。

（一）习得性无助的表现

不少孩子在学习过程中会遭遇失败体验，这种失去了控制感的体验使得他们可能放弃学业要求和停止学习行为。习得性无助的孩子们并不一定会愁眉苦脸、低头抑郁，他们更多地表现出如下状态。

1. 低成就动机

他们往往不能为自己制定恰当的目标，学习时漫不经心，遇到困难时往往自暴自弃。他们对失败的恐惧远远大于对成功的渴望，因而不再指望自己成功。

2. 低自我概念

他们态度消极，对学习毫无兴趣；与同伴相处大多自卑多疑。他们可能认为自己不受欢迎，因而与同伴的关系日渐疏远。

3. 低自我效能感

对自己完成学习任务的能力持怀疑和不确定的态度，因而倾向于制定较低的学习目标以避免获得失败的体验。他们想得更多的是活动的失败，因而将心理资源主要投注于活动中可能出现的失误。遇到挫折时，他们往往没有自信心，不加努力便会放弃。还可能由于怀疑自己的能力，经常体验到强烈的焦虑感，身心健康也受到损害。

4. 消极的定势

他们认定自己永远是一个失败者，无论怎样努力也无济于事。他们还往往固执己见，不能吸收别人的意见和建议，并以消极的方式重复不变地对待学习问题。

5. 情绪失调

表现为烦躁、冷淡、绝望、颓丧、害怕、退缩、被动，陷入抑郁状态，情感上心灰意懒、自暴自弃、害怕学业失败，并由此产生焦虑和其他消极情感，进而逃避学习。

（二）家庭教育如何避免习得性无助

教育是一个培养自信的过程，所以为了预防和矫正习得性无助，父母和其他教育者，可以重视以下几点意见。

1. 积极评价孩子

培养孩子自控信念。成人的评价在孩子心目中的地位不言而喻，他们的情感和态度都会成为孩子自我评价的重要依据。因此，在评价孩子的学习成绩时，成人就应注意控制自己的言行，以客观、关心、鼓励和帮助的态度来对待，不应只注重与其他孩子的横向比较，而应关注孩子自身的进步，对他们的积极行为、正常努力和学习进程中的表现作出及时的反馈，使孩子感到自己的行为是能够对环境产生影响的，从而感到自己是有力量的。

2. 创设良好环境

营造和谐家庭关系、师生关系和伙伴关系。有心理学家认为，孩子只有在心理上感到安全时，才不会有因失败而受惩罚的恐惧，才会敢于尝试而不退缩。为此，成人应积极创设良好学习氛围，使孩子们在学习活动中增强自信心和成就感，从而有效缓解习得性无助孩子的心理压力，有力抵制习得性无助现象的蔓延。

3. 引导正确归因

习得性无助的孩子客观上存在着归因障碍，但只要通过一定形式的有效训练，就可以帮助他们克服归因困难，形成积极的归因方式。为此，成人应当创设一定的情境，使孩子在这一情境中学习并获得成功或失败的体验。成人也可以呈现一些学习活动中的成败事例，要求孩子讨论和分析成败原因。纠正孩子“我是一个没有能力的人”的归因；同时，应花更大力气改善他们的认知策略，提高他们解决实际问题的能力，并在训练中，对孩子的每一点进步都给予积极的鼓励，从而更好地保持孩子的自尊和自信。

4. 保证爱的持续

当孩子的学业处于长期不良状态时，就可能导致其智力品质的弱化，形成习得性无助。这类孩子常常形成错误的认知解释风格：认为失败是永久的(将失败归因为能力不足而不是不够努力)、弥漫的(他们所做的每一件事都会失败)。这些认知障碍看似可怕,但更可怕的是成人、家长面对这些孩子时爱的削弱和消失(比如,一开始发现问题时热心扶持,后来发现收效不大,产生困惑,最终否定自己的行为,放弃努力)。鉴于此,成人只有树立正确理念,充分认识到通过学习,孩子在原有能力和基础上取得的明显进步,才能避免有学习障碍的孩子形成习得性无助。

三、僵固式思维

心理学研究者曾做了一个实验。他们给一些小孩出了难题,做具有挑战性的小游戏,以观察他们应对难题的策略。

观察发现,随着难度的增加,很多孩子急得满头大汗,最后在难题的折磨下束手无策举起了白旗,并且对自己不能解决问题作出解释。有一些孩子则不在乎问题难度,他们喜欢挑战,并且不在乎自己答错。这些孩子对于自己答错的,迫切希望知道正确答案,并继续迎接挑战。他们好像懂得人类的品质是可以通过后天努力不断提高的,无论答对答错,这正是他们在做的事情——使自己变得越来越聪明。他们不但没有在失败的打击下气馁,甚至根本不觉得自己失败了,相反,他们认为自己是在学习。

心理学家的游戏不是真的玩游戏，而是一项研究。游戏中是两种不一样的孩子，他们表现出的是两种不一样的思维发展路径，他们会变成两种不一样的思维模式拥有者，前者叫“僵固式思维模式”，后者叫“成长式思维模式”。

（一）僵固式思维模式与成长式思维模式的区别

僵固式思维模式确信自己的性格品质无法改变，会人为地制造出“需要不断证明自己”的紧张状态。设想一下，如果一个人的智力有限、性格固定、道德品质不变，那么他就需要证明自己已经具备了这些品质，因为一个人很难接受自己缺少这些最基本的品质。不少人从小就受到这种思维模式的影响，把这种思维模式深深地烙印在心里，为此，时刻准备着维护自尊不受伤害。就像手里抓着一把牌，他们总是试图说服自己和他人，他们手里抓的是一把好牌，而内心却担心被人发现自己手里只是一把臭牌。怕则无为，在不断试图证明自己有一把好牌的过程中，他们的世界变得越来越狭小。

对于那些具有僵固式思维模式的人来说，失败已经从一个行为（我失败了）转变为一个定义（我是个失败者）。僵固式思维模式者不会在失败中吸取教训、挽救败局。相反，他们会通过一些方式来挽回自尊心。例如，他们会去找那些比他们表现更糟糕的人，或者把失败的责任推到别人身上，或为自己找借口。失败让他们沮丧，并更加对事情听之任之而不采取行动解决问题。那些具有成长式思维模式的学生，越是觉得沮丧，就越会采取行动解决问题，他们越会确保自己完成学校的功课，把握好自己的生活。成长式思维模式的人越觉得糟糕，他们的行动越快。

在僵固式思维模式者看来，只有那些存在不足的人才需要努力奋斗，努力奋斗是对自己能力的质疑。所以，他们往往不敢努力。他们关注结果旨在证明自己，通常是收集一大堆“证据”，却在原地踏步。而在成长式思维模式者看来，即便天才也需要努力付出才能取得成就，努力奋斗是达成目标的必经之路。所以，他们更加愿意努力奋斗。他们关注结果旨在实现目标，乐此不疲，不计得失，却在不停进步。

与僵固式思维模式不同，成长式思维模式者手里这把牌无论大小，都是走向成功的起点。这种成长式思维模式的基本观念就是，人的基本品质可以通过努力不断提高。尽管人们在任何方面都可能存在不同，包括遗传资质，但每个人都能通过实践和体验得到改变和成长。虽然这种思维模式并不能让每个人都成为爱因斯坦或贝多芬，但是它确实能让一个人的未来发生不可估量的发展，提高获得成就的可能性。“相信个人品质可以发展提高”的信念能够创造出学习的激情，当一个人能变得更优秀的时候，为什么还要浪费时间重复证明自己原本有多出色呢？为何隐藏自己的缺陷而不是坦诚面对、勇于改善呢？为何苦苦追寻已无需证实的事实，而不尝试那些可以锻炼自己的事情呢？不断超越自己，即使在逆境中也不放弃的激情，就是成长式思维模式的精髓。也正是这种思维模式，允许人们在人生最富挑战的时刻依然能够绽放自己。

（二）僵固式思维模式的行为表现

为人父母者需要明白一件事情，具有僵固式思维模式的孩子往往并不是垂头丧气的孩子。观察发现，面对学习，他们更有可能表现出以下特征。

拖延，钟情于次要的事情，而拖延重要的事情；装扮，把自己装扮成在另一个领域中的天赋卓越者；抱怨，抱怨环境的负面效应，抱怨应试教育让自己受害无穷；指责，通过指责别人来逃避自己的责任；偏见，对相比自己有优势的人群持偏见态度，用读书无用论来自我安慰。

（三）如何避免孩子掉入僵固式思维模式的陷阱

心理学更赞同失败不是成功之母，成功才是成功之母。成功是一种习惯，人生需要创造而不是证明。为了预防孩子掉入僵固式思维模式的陷阱，或在孩子掉入陷阱后进行矫正，父母需要注意以下几点。

第一，需要转变观念——不要做孩子成长过程中的评判者，而要做个陪伴者。陪伴者是和孩子有高度心理连接的，他们知道学业成绩的背后，是孩子的成长过程，这个过程也有家长的参与。

第二，需要改变对努力的理解——与其说努力不如说投入。心理学家研究发现，那些具有较高学业和工作成就的人，是能够高度投入、具有专注力的人。孩童时期，家庭中的成年人如果能够在陪伴过程中，鼓励孩子提高专注力，让他们养成投入的习惯，比起在碰到困难时要求孩子加倍努力要有效得多。比起努力，投入要有趣得多，可以这样来理解：带着满足感的努力，叫作投入。

第三，需要正确地欣赏和激励孩子——欣赏并激励创造成果的过程，而不是成果本身；对于成果抱持欣慰和庆幸的态度更好。

当然，父母自己也要想想自己是否就是一个僵固式思维模式的人。如果父母自己也是一个僵固式思维模式的人，他们可能无法把以上理论应用到自己的教育实践中。相反，他们可能会一如既往地批评和指责孩子，以维护自尊、脸面并消除挫败感。

四、不能分离的爱

案例3－5

长不大的父亲

一位父亲带着女儿来咨询。女儿很瘦弱，父亲觉得女儿在学校里不受同学和老师待见，他感觉老师不够负责，不爱护他的女儿。言语中流露出，要是哪天谁敢欺负他女儿，他一定会找上门去。在咨询现场还“安慰”女儿不要怕，胆子大一点，有爸爸在呢。他现身说法，向女儿传递“这个世界不安全，我们都要小心，我们不能受迫害”的信息。

女儿必须承受父亲需要她的事实，这位爸爸根本意识不到瘦弱的女儿承接着他的情感依赖。女儿不能做她真正的自己，女儿也不能变得强大起来，因为貌似强大的父亲需要一个弱小的女儿去保护，不然怎么体现他自己是一个强大的父亲呢？

案例中这位父亲是一个还没有长大的、掩盖自卑的、拼命守护自己安全的“男孩”，如今算是一个男人了，可是依然没有真正成长。他其实无法真正呵护女儿，帮助女儿快乐成长。他不具备送女儿走向远方的能力。法国精神分析学家克洛德·阿尔莫(Claude Halmos)的著作《光有爱还不够》,阐述了常见的父母之爱的局限性和父母应当帮助孩子构建自我。家庭教育指导工作者可以认真阅读一下。

(一)光有爱还不够

父母都是爱孩子的,但是问题依然层出不穷。光有爱确实还不够。很少有人在做父母之前接受过"怎样做父母"的教育,父母对于子女的爱是在自然状态下发生并发展的。自然状态下的父母、祖父母本身带着自己鲜明的人格特质和隐藏在特质背后的爱的能力差异。家长带着自己儿童时期父母之爱的烙印,这些烙印原本无所谓好坏,但是当它们被释放到新的父母子女关系中时,就有了对年轻一代成长来说起正面与负面作用的区别,好坏高低就显现出来了。上海玉佛寺照诚法师曾感慨地说"让爱变成暖流",父母应该让孩子沐浴在父母之爱的暖流中。那么,首先就要检查,父母所释放出来的爱,都是爱的阳光吗?

检验父母之爱是不是阳光的标尺,就是克洛德·阿尔莫著作中的观点:"父母之爱,为了分离的爱。"父母爱孩子,不是把孩子看成自己的物品。占有不是爱,控制也不是爱,为了爱的欢乐而纵容更不是爱。父母之爱孩子,是为了分离——为了孩子可以逐渐分离,渐行渐远直至独立生活在这个世界，担当起他自己世界的主权和责任，为这个世界创造幸福。所以，父母之爱，在于教育。教育孩子的过程也是自我成长的过程。可惜很多人不了解，特别是在当今中国经济社会快速变化的时期，很多家长觉得自己只要爱孩子就不会错，享受天伦之乐的过程和外延被曲解和扩大，而教育被局限在“读书”两个字上。

把教育压缩成“为适应社会而读书”这一项功能，其后果不仅仅降低了教育的意义，同时也扭曲了教育的内容。确实，成倍增长的知识总量和知识社会要求个体具备的生存能力，要求孩子在步入成年之前必须学会更多东西。但这与重视孩子的心理成长并不矛盾，关键在于孩子是如何体验“学习”的。教育远远不只是让孩子适应社会生活的一种简单技术，而是孩子成长的主要载体，是孩子“心理成长”的基本支柱。教育孩子，使孩子人性化，同时包括两方面的工作。

第一，帮助孩子发现他是谁，他喜欢什么，他想要什么；帮助他发展自己的潜力，塑造自己的生命和个性。

第二，教他人类的生存规则，使其在实现上述目标的同时，将自己的个性更好地融入社会。

上述案例中那位父亲，要明白，女儿去学校不仅仅是学习语文、数学、英语这些学科的，更是去经历一种生活，建立一种关系，获得一种成长。正确的做法是鼓励女儿融入班级生活，做砸了、做错了，父女一起承担，吃一堑、长一智，逐渐就不会做错了，那就是长了本事了。女儿需要放心大胆地走进她自己的生活。但是，仅仅对他讲这些道理是不够的，因为他自己内心感到不安全。他眼中的世界到处不安全，女儿的学校，就是一个不可控制的地方。

这位父亲不能接受和理解这些，与他自己缺乏安全感有密切关系。在这里，我们要强调一个促进个人发展的"象征性阉割"的概念，它贯穿于人格发展的不同阶段。

（二）象征性阉割

第一，象征性阉割割掉的是盲从于本能的需求。精神分析学派的最基本概念是关于人的"本我、自我和超我"，象征性阉割，是指控制来自本能的快乐需求，让本能的需求听从理性的安排。这是孩子由"小动物"成长为"人"的转型。吃奶让孩子很快乐，一直把快乐停滞在吃奶的阶段，孩子就体会不到放下奶嘴开口说话的快乐。缠着父母被宠溺着的孩子很快乐，但是一直停留在这一层的快乐，就会失去独立和社会活动所带来的自尊成就的快乐，孩子会因此而气馁，被宠溺的快乐最终也成了不快乐。研究发现，没有一个发育迟滞的儿童是快乐的，这就是事实。简单地说，必须在生命发展的转型时期，阻隔低层次快乐来源，获取高层次快乐，这叫象征性阉割，其实也可以理解为心理断乳。

第二，象征性阉割不是苦行，而是寻求另一种快乐，确切说应该是一种快乐教育，也就是“快乐阶梯”。那些发育迟缓的儿童不快乐，只有当他们超越了自己发育迟缓的身心状态时才会变得开心快乐。很多父母因为他们自身的原因（不自知的原因）而把“感情借口”当成“爱”孩子。这样的亲子关系，通常会把孩子固着在某一个幼稚的时期，爱成了一种束缚和伤害。

第三，象征性阉割并不一定自然发生，更多需要父母行动令其发生。比如，一个想要立即满足自己本能冲动的孩子，需要由父母让他明白：“你想了解金鱼的身体结构，这很不错。但你不能因此就把它从鱼缸里捞出来切成两半，看它肚子里有什么。它会很疼，会因此而死去，家中的鱼缸会不再美丽，养金鱼的爸爸会因此而内疚和生气……如果你愿意，我们可以一起看这本关于金鱼的书，我们一起来了解更多关于金鱼的秘密。”这个过程，既不是一种外在训练，也不是文化教育，而是一种真正意义上的内在改变。它需要父母的启发和指引。

与此同时，象征性阉割给孩子提供了升华的可能。所谓升华，就是使用既被社会认可，又要求开动智力参与其中的方式来满足自己的冲动。这是儿童智力发展的关键。我们可以看到，那么多问题青少年表现出“不会思考、目光短浅、只看到眼前的快乐”的问题症状，都是因为没有经历过象征性阉割。他们是凭着直觉长大的：“这使我快乐，我想要，我就要得到，我就去做。”同时，他们还形成了和这种生活方式一样的思考方式。他们永远只靠简单的思想生活，甚至会出现思想短路。

案例中这位父亲感觉社会不待见他，也不待见他的女儿，他想要改变这个命运，他的方法和路径简单而又粗暴。这是我们今天家庭教育指导中碰到的一个比较棘手的问题——父母们基本上是在身不由己地做着父母，父母追求成为怎样的人，孩子也跟着成为怎样的人。除非有所觉悟并采取调适性行为，否则生命的轨迹将一路延续下去。

五、避开或走出陷阱的几个基本原则

对那些已经掉入自我妨碍陷阱的孩子来说，父母在上面喊他出来，基本是徒劳的。孩子要是有能力出来早就自己出来了。最佳选择是父母也“跳下坑”，和孩子在一起，才可能发现坑里有什么，如何出来。这叫作陪伴。

很多家长喜欢学技巧，这个情况怎么办，那个情况怎么办。技巧是多变的、因人而异的，没有固定的、到处适用的技巧，况且它还要适合使用者本人呢。重要的是，我们要把握以下基本原则。

第一，本书各章节尤其是第二章内容，都是为了防止孩子掉入成长陷阱；家长若能做到这些，孩子就不容易掉入陷阱。

第二，学习不仅仅是学课本知识、做试卷；学习也不是为了考试，尽管学习需要考试。生活本身就是一场学习，所以家长要在生活中陪伴孩子，而不是在学业上指点江山，更不要乱点江山。

第三，以孩子为标杆来衡量和要求孩子，不是以家长的欲望为标杆来衡量和要求孩子。前者叫用心，后者叫贪心。

第四，陪伴孩子创造生活和学习中的小成就，让孩子体验到自我控制感和效能感，这是勇气和自信的源泉。

第五，夸奖和赞美孩子不要凭着主观愿望，不要没有依据地夸奖孩子的特质，而要赞美孩子具体所做的事情和行为本身。也不要挑挑拣拣，孩子哪件事情、哪种行为做得好，就夸奖哪件事情、哪种行为。

第六，快乐不是赠予的，也不是传递的，而是体验的。陪伴孩子拓展视野，在快乐阶梯上发现更多高一阶层的愉悦感，比辛辛苦苦地补课更重要。

第七，要想让孩子的心理能量集中于重要的方面，请创建一个和谐温馨的家庭人际氛围，否则，孩子一定会分心于爱的纠葛。因为，孩子更爱父母。

第三节　教育是培养自信的过程

《人民日报》主任记者、畅销书作家凌志军先生有一本书叫《成长：微软小子的教育》，书中展示的是微软公司一批顶尖华裔青年科学家，他们小时候是怎样读书的。书的结束语是“教育是培养自信的过程”，这些杰出人才有一个共同特征：小时候的他们都是自信的，学习没有磨灭他们的自信，反而让他们更加自信。

阿德勒主义认为，人生就是一个不断克服自卑获得自信的过程，这个过程对于人格形成和生命质量都是至关重要的。

案例 3-6

两个世纪宝宝的 20 年

1999 年，世纪之交，两个朋友家庭的两个男孩相差一个月，相继出生。我们暂且称呼他们为大宝和小宝吧。大宝父亲是小学老师，母亲是街镇干部；小宝父亲是街镇干部，母亲是中学老师。这两个孩子的 20 年成长路径，值得家庭教育工作者去理解和揣摩。

	大宝的情况	小宝的情况
0—3岁	主要由爷爷奶奶养育，父母打下手。2000年参加地区性世纪宝宝评选大赛，获得二等奖。孩子先会走路后会说话，体能比一般孩子强壮，个头高。2岁时进实验性幼托班。	主要由父母养育，奶奶和保姆打下手。2000年参加地区性世纪宝宝评选大赛，获得一等奖。2岁前绕口令、讲故事等语言熏陶多，语言能力比一般孩子好。2岁时进实验性幼托班。
幼儿园	和小宝在同一个幼儿园同班学习，大宝个头最高，被小孩子们称为老大。因为别的孩子怕他，在幼儿园里自然变成老师的小帮手，管理小伙伴们的纪律。	和大宝在同一个幼儿园同班学习，小宝个头中等，被大宝安排为老四得到保护。因为语言交流能力强，经常在课堂上受到关注，并且经常有和老师课外聊天的机会。
小学	被特意安排到父亲所在小学读书，学习成绩还可以，不优秀，经常受到老师们的特别关注，一不小心就要被爸爸知道。课外兴趣班参加武术训练，表现优异。小学后半期经常因为学习成绩问题受到妈妈的批评指责并结束武术训练，妈妈连同丈夫一起指责。	按照学区分配到所在地学校平行班就读，学习成绩优秀，经常受到老师的表扬，曾经被体育老师冤枉，爸爸上门纠正了老师的错误行为。课外兴趣班参加武术训练，表现一般，后来放弃。小学后半期有比较大的阅读量。参加小记者培训，随团去过日本和新加坡采访。
初中	打招呼进入某民办初中，学习成绩一般，八年级以后更不好。妈妈强势要求儿子放弃体育，不允许参加田径队，先认真读好书，考试成绩达到要求后才可以发展体育爱好。青春期叛逆行为表现得很厉害，总是和父母作对。	自己考入某民办初中，学习成绩优秀，七年级以后基本保持全年级前三。父母鼓励儿子做好学校里的社会工作，为学生会和班级工作一直忙得团团转。班级活动经费和记账本一直放在书包里，青春期没有叛逆的表现，与父母相处得很和谐。

续 表

	大宝的情况	小宝的情况
高中	中考成绩不如人意，被一所中等职业学校录取。家长通过各种关系让他到某普通高中借读，自己骑自行车走读。孩子个子高，高中时与同学组建了一支篮球队，整个高中阶段在篮球活动和补课班中度过课余时间。参加春季高考，录取某普通高校（二本），不喜欢自己的专业。	中考成绩优秀，被某重点高中提前录取。家长支持孩子住校读书。学校离家比较远，孩子两三个星期回家一次。高中时参加学校社团，在校期间曾去中国台湾进行文化考察，去英国参加全球青少年夏令营活动。参加秋季高考，录取某全国重点高校，喜欢自己的专业。
大学	天天玩游戏，考试成绩大部分勉强过关，有两门课要补考。他想应召入伍，父母反对，最终在舅舅支持下成功入伍，在部队某次体能测试比赛中获得冠军。现在父母希望他明年回到大学，准备读研。他自己想参加海军陆战队选拔，不想回到高校。父母孩子正处于矛盾纠葛中。	也玩游戏，考试成绩基本都优秀，学分积点达 4.0，不出意外可以保研。除了本专业之外，参加了一个辅修专业，又因为自己喜欢跨界研究，自学了一门专业。在学校参加了本专业国际学术论坛，以学生的身份跻身论坛发言教授们的嘉宾席。与父母讨论未来职业选择，家庭共同倾向于成为高校老师。
业余爱好	自由搏击、健身	书法、音乐、健身

2021 年春节聚会，两个孩子见面互相道贺，这是一种人间美好。20 年光阴如梭，两个世纪宝宝现在都已经是自信青年，一个在部队，一个在高校上大三。过往的学习

和生活经历，造就了他们两个不一样的自信样式和自信内涵。

大宝的自信来自持续不断的与父母的抗争，在叛逆中逐渐达成自己的心愿，他的认同首先主要来自同龄社群，比如篮球队的伙伴和校园球迷们，最终实现了自我认同。而父母至今还在坚持自己的一些想法，他们两代人的选择差异仿佛永远存在。好在大宝拥有自己独特的优势——超越一般人的体能，这个长处的发扬，帮助他树立了自信。从接受文化课教育来说，大宝是有挫败感的，他是在与这种挫败感的斗争中找到另一份自信的。教育是培养自信的过程，在他身上是个反面例子，恰好变成了教育是倒逼自信的过程。

小宝的自信来自持续不断的成功体验和获得认同：在完成各种需要承担责任的挑战性任务的过程中获得体验；他的认同首先来自自我效能感，比如学科竞赛、学科成绩和学校社团工作，同时来自父母、老师、同学的认同和赞赏。他的青春期没有叛逆行为，是因为他的自我认同程度相当高。他的学习过程恰好发扬了他的长处，并且获得了成就感，还拥有了令不少同龄人羡慕的远离父母的住校生活，以及去更广阔的世界拓展视野的良好机会。教育是培养自信的过程，在他身上是一个正面的例子。

一、培养自信的 10 条家庭教育建议

如果家长能理解教育是培养自信的过程,也就能理解为什么说成功是一种习惯。初入小学,几乎每一个孩子的学习方式都是机械型的,他们听从老师的引导和安排,进入校园学习的模式,同步的家庭学习也进入与学校教育相匹配的模式,这个模式主要依靠家长带领孩子来创造。我们给家长 10 条建议。

(一)家庭教育要符合孩子身心发展的规律

本书第一章、第二章的内容,比较全面地阐释了如何按照身心发展的规律科学实施家庭教育。案例中小宝父母在早期的语言熏陶方面做得很好。

(二)家庭教育要符合孩子个人能力的倾向性

很显然,案例中大宝的能力倾向在于运动,妈妈恰恰不同意把这个选项作为大宝未来的方向。通过压制的方式,要求儿子弃武从文,结果从初中到高中最后到大学,绕了一大圈大宝还是进入了军队,并且凭借自己的长处,在军队中找到了自信。如果一开始大宝妈妈就尊重孩子的运动天赋,大宝有没有可能站上奥运赛场呢?谁都不能肯定。至少,大宝不用同父母作对,完全可以让生活更幸福一点,对自己更满意一点。

（三）应当发扬长处，但不能极端化

孩子们当下能力是有长短，需要在家庭教育中看到并尊重孩子的能力倾向性。但是发扬长处，也要有个适宜的程度，不能极端化。

（四）可以补短，但不能太勉强

案例中大宝的文化课学习能力是个短板，可以适当增加练习，适当补习功课，以弥补不足之处。但是，发生的实际情形是大宝的长处没有得到发扬，短处也没有得到弥补。武术对小宝而言是个短板，但是这个短板并不需要强化弥补，小宝父母选择了放弃武术。有人说，这不是缺乏意志力了吗？说这话的人忘了，学会正确选择比起凭意志力死撑要明智得多，学会并且敢于选择也是一种能力。

（五）在陪伴中积累成功经验

孩子从幼年到少年再到青年，在不同阶段都需要父母的成功陪伴。尤其在10岁以前，孩子的自信主要来自父母陪伴过程中让孩子体验到的获得成功的愉悦感——成功地说了一段绕口令、成功地搭建了一个积木城堡、成功地讲完了一个故事、成功地完成了一幅画，等等。让孩子积累成功的体验，实际是让孩子形成一个成功的自我感。

（六）有目标还要有目标管理

几乎每一个家长都知道要给孩子一个目标，就像案例

中大宝妈妈要求孩子考试分数达到目标之后才可以发展体育爱好。可惜绝大部分家长不会进行目标管理。目标管理首先要把目标分成“过程目标”“能力目标”和“结果目标”三个组成部分，然后给不同的目标赋予实际内容。这些内容既要符合孩子的实际，即尊重现实；又要符合孩子的未来，即走向未来。而且，目标应该是在和孩子的沟通交流中，由孩子制定并获得家庭认同的。很显然，案例中大宝目前的目标尚未获得家庭认同，还在僵持中；他现在迫切的想法是如何让父母同意他的想法，或者万一坚持不同意，要想个什么样的办法来解决。小宝目前的目标已经获得家庭认同，他现在迫切的想法是怎么样实现目标；他需要把结果目标分解成过程目标和能力目标，才可以更好地去行动。

（七）要看懂、看大、看远自己的孩子

孩子的天赋差异和当下状态，做父母的应该比任何人都有感受，只是很多父母从自己的意愿出发来教育孩子、要求孩子，而不尊重也不从孩子的实际出发来教育和要求孩子。看懂自己的孩子，是实施有效家庭教育的基础。光看懂还不够，还要看大，把孩子看大一点，把孩子的优点发扬一点，鼓励孩子往上走一步……看大就是真正地鼓励孩子、欣赏孩子。看懂是基础，看大是策略，看远是方向。做父母的还要放眼看长远，看见孩子未来的各种可能性，并且欣然

接受，提供支持，帮助孩子做一个成功的自己。案例中大宝的妈妈没有做到这一点。

（八）承担起家长的责任

无论孩子学业成绩如何，个人发展水平如何，做父母的都必须承担起家长的责任。这个责任包括两部分：第一，家长的忧愁焦虑是家长自己的事情，家长有责任自己消化，没有必要传递给孩子；第二，孩子在成长过程中有可能遭遇困难，家长有义务伸出援助之手帮孩子一把，而不是一味指责孩子。如本书第一章、第二章内容，说到底，孩子学习能力的高低既取决于家长的遗传又取决于家长的早期养育，第三才轮到孩子自己要担负的责任——态度。

（九）不怕人比人，但要真正理解“比”的含义

很多家长，包括很多管理者认为是人比人导致孩子们的学习压力，并因此反对分数和排名。实际上，人和人的比较永远存在，今天不允许在学校里相互比较，以后在社会上还是要相互比较。“比”，汉字原意是靠近的意思。人比人，是两个人相互靠近，相互靠近了自然会展现出两者的差异。家长要引导孩子从小不怕人比人，而且要通过人比人发现别人的优点和长处，欣然接受并启发自己。孩子们是否有能力去恭喜那些比自己能力强的同伴？当别人比自己

优秀，是否还能够成为朋友？这是一个很重要的做人的道理。

（十）父母成长是对孩子最好的教育

本书所有的章节都在讲述家庭教育的科学道理，它们来自心理学的研究成果，来自教育实践的启发。学习是一个改变的过程，没有行为的变化，就是没有真正地学习。学习促进个人成长，父母的成长是对孩子最好的教育。言传身教、潜移默化胜过絮絮叨叨。

二、培养自信的过程包含对家长的教育

在家庭教育指导实践中，我们经常碰到家长感慨这些知识和道理知道得太晚了。家庭教育指导是一项长期工作，对家长的科普宣教需要与孩子的不同发展阶段相匹配。为此，很多较早开展家庭教育指导服务的机构都有丰富的经验积累。

下面例举的是一套与孩子成长相匹配的家长学习课程，从幼儿园到初中毕业，按照年级和学期，结合该学龄段的普遍实际，从不同侧面，阶梯式开展的课程体系。相信会对家长有所启发。

参考资料

一家心理工作室的家长课程

（一）0—6 岁孩子家长讲座

年龄	学段	心理讲座	内容提要
0—3 岁	学前	符合脑科学的早期养育方法	(1) 婴儿养育首先是生理照护 (2) 大脑给自己编程并组建大数据 (3) 早期养育可以让大脑更聪明 (4) 大脑这个司令官受情绪控制
		0—3 岁日常生活就是教育	(1) 自我在生命的头两年逐渐形成 (2) 健康人格得益于科学养育方式 (3) 刻意训练不如正常的生活 (4) 最能寓教于无痕的是亲子互动
		做好进入幼儿园前的家庭准备	(1) 孩子入园家长焦虑的是什么？ (2) 分离焦虑的本质是什么？ (3) 入院准备实际是转型发展准备 (4) 全家总动员做好入园准备
3—6 岁	小班	如何做好小班孩子的家园融合教育？	(1) 小班从自我关注到关注自我 (2) 孩子从家庭生活到社会生活 (3) 对幼儿园课程的心理学释义 (4) 家长如何做好家园教育融合
	中班	如何做好中班孩子的家园融合教育？	(1) 中班从自我展示到展示自我 (2) 孩子要学会正确地表达和展示 (3) 家长可能做错了什么？ (4) 给中班孩子家长的建议
	大班	如何做好大班孩子的家园融合教育？	(1) 大班从自我效能到效能自我 (2) 重视孩子心中效能的自我 (3) 幼儿园教学中的学习能力培育 (4) 真正的幼小衔接需要家长来做

（二）一至九年级孩子家长讲座

年级	学期	心理讲座	内容提要
一年级	第一学期	家有小学生当全家总动员	(1) 让孩子带着憧憬去上学 (2) 学习是一种生活而不是任务 (3) 学习不是孩子一个人的事 (4) 学习是需要全家总动员的事
	第二学期	让孩子保持学习的美好感	(1) 面对学习不同孩子感受不一样 (2) 学习更是一个内部过程 (3) 热爱学习不是口号而是体验 (4) 帮助孩子保持学习的美好感
二年级	第一学期	如何让孩子既规矩又活泼？	(1) 世界通行规则是不妨碍别人 (2) 孩子体认到规则才懂得规则 (3) 没有规则的活泼叫撒野 (4) 撒野的孩子并不快乐
	第二学期	学会学习比学会知识重要	(1) 学习方法包括哪些要素？ (2) 孩子们是怎样学会学习的？ (3) 方法是个性化的体验结果 (4) 学会学习比学会知识更重要
三年级	第一学期	帮助孩子养成阅读好习惯	(1) 从引导阅读到独立阅读 (2) 阅读的孩子有思想 (3) 警惕文明世界中的野蛮人 (4) 阅读本身就是一种重要能力
	第二学期	自我效能感是一把双刃剑	(1) 效能感是自我感觉的一部分 (2) 效能感是一把双刃剑 (3) 失败感对孩子的巨大危害 (4) 帮助孩子找回自信的我
四年级	第一学期	让孩子在尝试中学会自主	(1) 学会选择终身受用 (2) 为了考试而学习的负面效应 (3) 自主的学生是怎样的？ (4) 帮助孩子在尝试中学会自主

续　表

年级	学期	心理讲座	内容提要
四年级	第二学期	重视教材课程之外的学习	(1) 理解中小学教育的实质 (2) 哪些是重要的教材课程外学习 (3) 社会与情感能力哪里来? (4) 用行动来重视而不是嘴上重视
五年级	第一学期	教育不能以牺牲幸福为代价	(1) 积极心理学的教育启发 (2) 幸福的三种境界和中国文化 (3) 学习让孩子更幸福还是不幸福? (4) 幸福是一种爱出者爱返的能力
	第二学期	让孩子带着阳光升入中学	(1) 九年义务教育下的小学毕业 (2) 择校行为要慎重 (3) 小升初对所有孩子都是机会 (4) 清晰并共识自己家庭的机会
六年级	第一学期	互联网时代最难的是时间管理	(1) 互联网及其游戏对学生的影响 (2) 真正困难和重要的是时间管理 (3) 时间管理的本质是生命管理 (4) 孩子需要你的帮助而不是指责
	第二学期	看不见的力量左右着孩子	(1) 孩子是家庭土壤里长出的苗 (2) 家庭有强大的心理动力关系 (3) 看不见的力量把教育击得粉碎 (4) 你若不能驾驭就该学会遵从
七年级	第一学期	预防和应对自我妨碍行为	(1) 学习效能金字塔和自我感 (2) 习得性无助的预防和应对 (3) 来自思维模式的自我妨碍 (4) 帮助孩子走出自我妨碍陷阱
	第二学期	重视培育社会与情感能力	(1) 社会与情感能力的范畴和要素 (2) 初中阶段是个转型跨越发展期 (3) 教育改革重视这种能力的培养 (4) 家庭教育应该如何更有作为?

续　表

年级	学期	心理讲座	内容提要
八年级	第一学期	安然度过一个美好青春期	(1) 正本清源理解青春期 (2) 青春期是性别社会化的关键期 (3) 青春期自我认同和建构的关键 (4) 如何创造一个美好的青春期?
	第二学期	你必须能够自信面对孩子	(1) 奇怪的心理：面对孩子不自信 (2) 不自信换来各种糟糕的教育 (3) 孩子知道“我爸我妈”之外的你吗? (4) 孩子需要父母自信地面对他们
九年级	第一学期	分数真是学习品质的反映	(1) 对学习效能孩子们深有感受 (2) 孩子九年级家长焦虑于什么? (3) 中考是一块学习品质试金石 (4) 在生涯规划背景下做好后勤
	第二学期	如何帮助孩子轻松进考场?	(1) 心中有底需要家庭认同 (2) 真正理解尽人事而听天命 (3) 面对知识应该谦卑才会自信 (4) 缓解现场压力的技巧

资料来源：上海松江区旭日社会工作发展中心/旭日心理工作室

这个家庭教育指导案例课程体系包含的信息量很大，同时又切合不同阶段家庭教育与学校教育相融合的要求，有助于家长理解并尝试运用。

三、培养自信必须重视社会和情感能力

对有些人来说，社会和情感能力是一个新鲜的名词。它是一组非智力但属于心智发展重要组成部分的个人能

力。“社会情感学习”，简称 SEL(即 Social and Emotional Learning 的缩写)，它能帮助孩子们在学校、家庭和社会生活中学会自知、自信、自我管理和自我尊重；具有社会意识和人际关系管理的技能，能理解与包容他人、对他人产生情感共鸣，建立积极、健康、和谐的人际关系；能创造性地解决问题和做负责任的决定；形成良好的情感和道德品质，有效地面对成长过程中的挑战，促进身心的全面协调发展。

社会和情感能力不够的人容易在生活中遭遇挫折；社会和情感能力强的人，在处理和应对各种生活问题时更有自信、更有效能，他们的自我满意度也更高，而且更受他人欢迎。

(一) 社会和情感能力欠缺的表现

研究发现情绪智力对个体成就的作用比智商的作用更大，而且可通过经验和训练得到明显的提高。英国剑桥大学实验心理学教授巴伦(Baron)将情绪智力定义为：影响人应付环境需要和压力的一系列情绪、人格和人际能力的总和，是决定一个人在生活中能否取得成功的重要因素，直接影响人的心理健康和未来发展。中国工程院院士、教育部原副部长韦钰提出：“所有教育机构，还有家长，一定要注意对孩子社会情绪能力的培养，决定孩子一生成功的并不是智商，而是社会情绪(社会和情感)能力。”

案例3-7

6岁的小佳跟同龄的小朋友比，既高且壮。或许是身体上的优势，让他觉得自己很有“底气”，可以为所欲为，别人必须让着他。比如，他想玩小朋友的遥控车，如果对方不给，他伸手就抢，并视为理所当然；他想荡秋千，正在荡着的孩子就要下来让他，否则，他会把对方推下来，自己荡得又快又高，对小伙伴生气或哭泣的样子无动于衷。

案例3-8

在现实升学压力下，很多孩子的智力因素和非智力因素发展不平衡，任性、霸道、以自我为中心，固执地坚持自己的想法，不会管理自己的情绪，不懂得体谅他人的感受，不会设身处地为他人着想等是主要问题。家长刘女士坦言：“我女儿上初二以后，成绩有所下降，经常找茬跟家里人发脾气。她没学好，仿佛家里人都对不起她。”刘女士为此很苦恼，试图给女儿讲道理，但每次都以失败告终。

案例3-9

许多年前的一天，某校几名初三学生和往常一样说说笑笑地走出校门，突然被人从身后分别架住双臂，强行带到附近的广场。对方简短几句谩骂之后，毫不顾忌广场上众多市民在场，蜂拥而上殴打他们。当施暴者散去后，2名伤势较轻的男生将昏死过去的同伴扶起后送回家。后经医院诊断，这位重伤学生的左肾破裂需手术摘除。

这场聚众斗殴的起因，竟是两名学生在网上的对骂。不久前，A中学的一名学生上网聊天，与一网友发生“口水战”。对骂中，他了解到对方是B中学的学生。“口水战”中败北的他，回校后便向同年级的“大哥”倾诉。“大哥”听后大怒，表示愿意摆平对方。几天后，“大哥”通过初中同学等关系，从3所中学叫来几十名帮手，到B中学附近设伏。至于被打学生中，哪一个是和A中学学生网上对骂的学生，他们对骂了些什么，参加这起群殴的大多数学生都不知道。

显然，这些案例都是社会和情感能力弱的表现。年轻一代需要接受社会情感学习，这种学习不仅仅是公共教育的任务，而且主要是家庭教育的任务。越来越多的父母也意识到了这一点，从以前的只关注孩子的智力发展和学习成绩，转为开始关注孩子的社会情感能力。

（二）家庭教育要重视社会情感学习

2002年，联合国教科文组织向全球140个国家的教育部发布了实施SEL社会情感能力学习的十大基本原则，开始在全球范围内推广SEL计划。经济合作与发展组织(OECD)在2000年推出了令世人瞩目的国际学生评估项目(PISA)。2018年OECD又推出了一项与PISA平行的大型跨国调查项目，即青少年社会情感技能(Social and Emotional Skills，简称SES)评估项目，测评参与城市和国家的学龄儿童和年轻人的社会与情感能力发展，以及如何通过教育提升这些能力。OECD借鉴美国麻省理工学院心理学教授戈德堡(Goldberg)提出的"大五人格模型"(Big Five Model)建构社会情感能力的评测框架，此框架主要包括"责任表现、人际交往、情绪控制、协作能力、思想开放"五大维度。

家庭教育可以该模型为标杆，不断自我检测，为孩子在这五个方面的能力形成和提高提供支持。这种支持不是告诉孩子这些相关知识，而是家长、孩子在日常生活中身体力行，去实践、去尝试、去体验、去讨论……

如何面对和处理同伴之间的突发矛盾，如何认识并控制自己的情绪，如何有效表达自己的想法，如何从别人的角度来看待问题，以及如何与他人合作，等等，这些社会情感能力，孩子都可以从日常生活中与家长、老师的互动中习得。

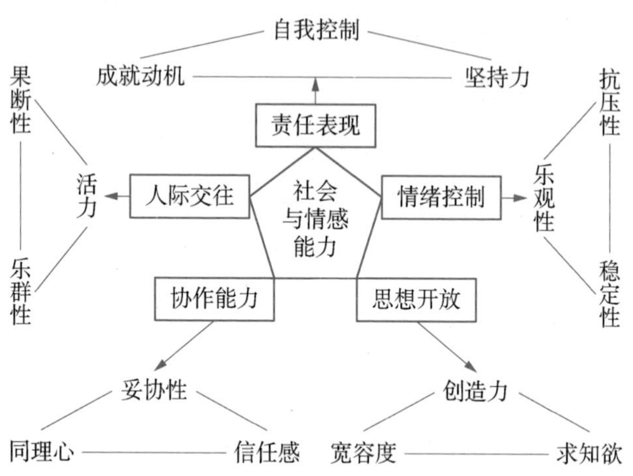

图 3－1 “大五人格模型”示意图

案例 3－10

马先生是一位老师，儿子因为长得比较胖，又姓马，有一次与同学发生口角后，两个淘气的男孩给他起了“马桶”的绰号。儿子非常生气，一怒之下撕了同学的书，三个男孩扭打起来，结果，马先生的儿子胳膊被抓破了。

这件事如何收场？马老师和几位家长都比较理智，帮孩子们客观地分析了他们各自的对错；两个调皮的同学也知道了马先生儿子因为身体不好吃药而虚胖，更加觉得自己对不起马老师。最后，孩子们相互道歉，两个男孩表示以后要考虑同学的感受，不随便嘲笑别人，呵护他人的自尊心；小马同学则保证以后遇到类似的事情尽量保持冷静、避免冲动。三个孩子说："以后无论遇到什么事情，都以理服人，君子动口不动手。"这件事过后，三个孩子的关系变得比以前更亲近了。

孩子们的社会和情感能力主要来自父母的日常行为，他们从生活中直接和间接地获得这种能力。良好的家庭氛围和家庭关系是孩子社会和情感能力发展的基础，孩子的性格、行为与父母有很高的同步性，这就是家长榜样的力量。除了要做好孩子的榜样，父母还应该经常对青少年儿童做出的利他行为予以表扬，并在孩子面前赞赏那些社会和情感能力强，又表现出亲社会行为的人，鼓励孩子向他们学习。

参考文献

[1] Chip Wood. 儿童发展指标[M]. 林合懋，译. 台北：远流出版社，2004.

[2] Daniel G Amen. 补脑全书[M]. 林志懋，译. 台北：早安财经文化有限公司，2008.

[3] 阿尔莫. 光有爱还不够：帮助孩子构建自我[M]. 王文新，李美平，译. 上海：上海社会科学院出版社，2009.

[4] 伯格. 人格心理学[M]. 陈会昌等，译. 第 7 版. 北京：中国轻工业出版社，2010.

[5] 卡特，麦戈德里克. 成长中的家庭：家庭治疗师眼中的个人、家庭与社会[M]. 高隽等，译. 北京：世界图书出版公司，2007.

[6] 迈尔斯. 社会心理学[M]. 侯玉波，乐国安，张智勇等，译. 第 8 版. 北京：人民邮电出版社，2009.

[7] 史威尼. 脑适能完全指南[M]. 杨语芸，译. 台北：大石国际文化，2013.

[8] 相旭东. 落地的感觉：家庭成长心理咨询手记[M]. 上海：上海社会科学院出版社，2013.

[9] 相旭东. 心理疏导技术和运用[M]. 上海：上海社会科学院出版社，2016.

[10] 相旭东. 爱的七项修炼：家庭成长中的心理动力和疏导指引[M]. 上海：上海社会科学院出版社，2017.

[11] 亚蒙. 从 0 岁—99 岁脑的奇迹：大脑使用手册[M]. 黄薇菁，译. 台北：天下杂志股份有限公司，2009.

后记

心理疏导和家庭教育个案咨询做得久了，对芸芸众生便有了更直观和深刻的体验。我经常跟身边人感慨人类生命的韧性。没有做过个案咨询的人大概不能理解，很多被父母亲送来求助的孩子，他们生命情感中经历了多少不必要的、没来由的、莫名其妙的“爱的伤害”。爱怎么会伤害人呢？仔细想想，你发过的最大的脾气和火气是不是冲着你爱的人去的？你的很多纠结和愤懑是否来自那个爱你的人？

我们被自己的情绪左右，太多的家长在家庭教育过程中被自己的情绪掌控，以至于失去了判断是非曲直的能力。是家庭教育的困境让家长们更焦虑，还是家长们的焦虑让家庭教育一步步陷入困境？这个问题值得思考，应该是二者互为因果，伴生而长。

本套丛书五个分册，基本涵盖了家庭教育中可能出现的困难要素。对家庭教育指导服务的实践者来说，经常出现好比盲人摸象的情形。很多指导工作者热衷于某一种心理学的临床技术或者流行的方法，动辄对出现厌学行为或者自我妨碍行为的孩子进行心理测评，把心理咨询和治疗当作化解教育问题的万灵药，这是一种令人忧虑的现象。稍有疑惑就上医院接受诊断，实际上可能只是触摸到了造成孩子不如人意之行为表现的一部分原因，甚至可能本末倒置、缘木求鱼。让一个孩子产生生命轨迹变形的原因不会那么单一，往往都是多重原因组合起来才发生了令人惋惜的变化。

盲人摸象式的关心，看起来大家都很重视孩子们的心理健康，实际上是大家都很紧张孩子们的心理健康。紧张不等于重视。重视孩子们健康成熟人格的发展，往往并不在于你为孩子做了什么事情，而是取决于你为孩子做对了什么事情。

每一个家长都有责任反思自己："我为孩子创造了怎样的家庭文化氛围？我为孩子的身心发展提供了哪些支持？我为孩子实施了怎样的家庭学习管理？我为孩子创设了怎样的家庭人际关系？我为孩子发掘了怎样的社会支持？"这五个问题，就是我们五个分册的核心：家庭文化影响了家庭教育，家庭教育必须吻合孩子身心发展，学习管理成就孩子的学习效能，家庭关系左右着孩子的心理动力，社会发展的公共服务要真正有助于家庭教育。

很遗憾，对于这五个问题，有些家长一个也回答不了，他们这些方面都没有做好。自己做不好的，却要求孩子做好；自己一直在生产负面能量，却要求孩子的生命仓库里有阳光。这实在是一种困难。这就是我们今天碰到的家庭教育的困难。家长们需要学习和提高，孩子们需要拥有更好的家庭成长环境。

因为和上海开放大学王伯军副校长谈论过家庭教育指导的实践，我便接受了主编这套丛书的任务，对此我感到很荣幸，也倍感责任重大。丛书从立项到正式出版，只用了半年多的时间。能够在这么短的时间内完成，要感谢上海开放大学王伯军副校长，上海市教育委员会江伟鸣调研员和上海开放大学非学历部王松华部长、姚爱芳副部长四位领导和其他工作人员的大力支持。同时要感谢丛书每一位编写人员，特别是孙传远、陈小文、张竹林和丁敬耘四位同志，除了完成各自负责章节的编写，他们还分别承担了本丛书中的《家庭文化与家庭教育》《家庭关系与家庭教育》《学习管理与家庭教育》和《社会发展与家庭教育》的主编任务。丛书编写之初，我们分别召集五个分册的编写人员召开了小组研究交流活动，统一了思想观点和实操认知。每一分册都由至少四位编写人员通力合作来完成。术业有专攻，家庭教育涉及诸多方面，我们编写团队发挥各自的优势，相互补充和完善，很好地完成了编写方案，实现了预期目标。

书中大部分案例都来自编写者在家庭教育指导领域的实践，对案例主人公进行了必要的个人信息模糊化；其中比较详尽呈现的案例，不仅作化名处理，还特意征询了实际当事人的意见，征得了他们的同意。这套丛书的出版，也要感谢那些曾经向我们求助如今支持我们的家长朋友们。

“家庭教育指导丛书”的出版，还要感谢上海远东出版社张蓉副社长和她领导的编辑团队，他们为丛书的设计和出版付出了辛勤的劳动和智慧。

作为主编，我参与了每一分册的编写，深知每一本书里都饱含作者深深的感情和思想，搁笔之际，倍感留恋。再次对每一位编写者表达真诚的敬意，并代表全体编写人员表达我们共同的心愿：愿本丛书能给千百万家庭带去温馨、力量和阳光。

相旭东

2021 年 5 月 15 日于苇城半日轩